Regras para bem viver

FUNDAÇÃO EDITORA DA UNESP

Presidente do Conselho Curador
Mário Sérgio Vasconcelos

Diretor-Presidente
José Castilho Marques Neto

Editor-Executivo
Jézio Hernani Bomfim Gutierre

Assessor Editorial
João Luís Ceccantini

Conselho Editorial Acadêmico
Alberto Tsuyoshi Ikeda
Áureo Busetto
Célia Aparecida Ferreira Tolentino
Eda Maria Góes
Elisabete Maniglia
Elisabeth Criscuolo Urbinati
Ildeberto Muniz de Almeida
Maria de Lourdes Ortiz Gandini Baldan
Nilson Ghirardello
Vicente Pleitez

Editores-Assistentes
Anderson Nobara
Fabiana Mioto
Jorge Pereira Filho

Coleção
Pequenos Frascos

Philip Dormer Stanhope, Conde de Chesterfield
Robert Dodsley, John Hill

Regras para bem viver

Tradução de
Marilise Rezende Bertin

Texto integral

2012 © da tradução brasileira
Título original: *The Economy of Human Life*

Direitos de publicação reservados à:
Fundação Editora da Unesp (FEU)
Praça da Sé, 208
01001-900 – São Paulo – SP
Tel.: (0x11) 3242-7171
Fax: (0x11) 3242-7172
www.editoraunesp.com.br
www.livrariaunesp.com.br
feu@editora.unesp.br

CIP – Brasil. Catalogação na fonte
Sindicato Nacional dos Editores de Livros, RJ

R268

Regras para bem viver / Philip Dormer Stanhope, Conde de Chesterfield e outros; tradução de Marilise Rezende Bertin. – São Paulo: Editora Unesp, 2012.
96p. (Pequenos frascos)

Tradução de: *The Economy of Human Life*
Inclui bibliografia
ISBN 978-85-393-0261-1

1. Conduta. 2. Ética. 3. Valores. I. Chesterfield, Philip Dormer Stanhope, Conde de, 1694-1773. II. Título. III. Série.

12-4857.   CDD: 170
                                                            CDU: 17

Editora afiliada:

Asociación de Editoriales Universitarias
de América Latina y el Caribe

Associação Brasileira de
Editoras Universitárias

SUMÁRIO

11 . Prefácio à edição brasileira

23 . PRIMEIRA PARTE

25 . Ao público

27 . Ao Conde de *****

37 . Introdução

41 . LIVRO I – Deveres relativos ao homem, considerado um indivíduo

    41 . Capítulo I – Reflexão

    42 . Capítulo II – Humildade

    44 . Capítulo III – Prática

    46 . Capítulo IV – Emulação

    48 . Capítulo V – Prudência

    51 . Capítulo VI – Perseverança

- 52 . Capítulo VII – Contentamento
- 54 . Capítulo VIII – Temperança

59 . LIVRO II – As paixões
- 59 . Capítulo I – Esperança e temor
- 61 . Capítulo II – Alegria e pesar
- 63 . Capítulo III – Ira
- 65 . Capítulo IV – Piedade
- 67 . Capítulo V – Desejo e amor

69 . LIVRO III – Mulher

73 . LIVRO IV – Consanguinidade ou relações naturais
- 73 . Capítulo I – Esposo
- 75 . Capítulo II – Pai
- 76 . Capítulo III – Filho
- 78 . Capítulo IV – Irmãos

79 . LIVRO V – Providência divina ou a diferença acidental entre os homens
- 79 . Capítulo I – Sábio e ignorante
- 81 . Capítulo II – Rico e pobre
- 84 . Capítulo III – Senhor e servos
- 85 . Capítulo IV – Governantes e súditos

- 89 . LIVRO VI – Os deveres sociais
  - 89 . Capítulo I – Benevolência
  - 90 . Capítulo II – Justiça
  - 92 . Capítulo III – Compaixão
  - 93 . Capítulo IV – Gratidão
  - 95 . Capítulo V – Sinceridade
- 97 . LIVRO VII – Religião

- 103. SEGUNDA PARTE
- 105. Ao digno e honrado Conde de *****
- 107. LIVRO I – Considerações sobre o homem em geral
  - 107. Capítulo I – Do corpo humano e de sua estrutura
  - 109. Capítulo II – Do uso dos sentidos
  - 112. Capítulo III – Da alma humana, de sua origem e suas afeições
  - 117. Capítulo IV – Do tempo e do uso da vida humana
- 123. LIVRO II – O homem considerado quanto a suas fraquezas e às consequências delas advindas

123. Capítulo I – Vaidade
126. Capítulo II – Inconstância
131. Capítulo III – Fraqueza
135. Capítulo IV – Da escassez de conhecimento
139. Capítulo V – Infelicidade
143. Capítulo VI – Da ponderação
147. Capítulo VII – Altivez

153. LIVRO III – Das afeições do homem que são dolorosas a ele e aos outros
153. Capítulo I – Cobiça
156. Capítulo II – Abundância
158. Capítulo III – Vingança
162. Capítulo IV – Crueldade, ódio e inveja
166. Capítulo V – Coração pesaroso

173. LIVRO IV – Das vantagens que o homem pode adquirir sobre seus iguais
173. Capítulo I – Dignidade e honra
178. Capítulo II – Ciência e aprendizado

183. LIVRO V – Dos acidentes naturais
183. Capítulo I – Prosperidade e adversidade

187. Capítulo II – Dor e doença
188. Capítulo III – A morte

Prefácio à edição brasileira

Em algumas épocas excepcionais, o historiador do pensamento executa uma tarefa bem árdua quando pretende fixar um mero rol de autores ou obras mais notáveis do período. Os meados do século XVIII, na Grã-Bretanha, constituíram uma dessas quadras privilegiadas em que o gênio parece quase corriqueiro. Mesmo se excluirmos nomes augustos da ciência natural e da política, as contribuições das letras e da filosofia seriam suficientes para garantir àqueles tempos um panteão eterno. Jonathan Swift (1667-1745), George Berkeley (1685-1753), Alexander Pope (1688-1744), Henry Fielding (1707-1754), David Hume (1711-1776), Horace Walpole (1717-1797) e Adam Smith (1723-1790), para citar algumas das referências obrigatórias, ali conviveram e interagiram.

Mas, mesmo em tempos tão ilustres, uma figura mestra se destacava como o intelectual paradigmático de então, o árbitro da excelência literária: o Dr. Samuel Johnson (1709-1784), ensaísta, literato e lexicógrafo, por mais de meio século figura imperial no cenário inglês, fonte de influência ainda hoje sentida. Seus biógrafos e amigos, James Boswell e Hester Lynch Piozzi, em textos clássicos, descreveram tanto a personalidade ímpar de Johnson como a multifacetada teia de relações, afiliações e dissensões que se construiu a seu redor, espelhando o impressionante dinamismo das letras britânicas e, de maneira geral, europeias, durante o ápice do iluminismo ocidental.

É justamente em meio a esse turbilhão de atividade intelectual retratado por Boswell e Piozzi que surgiu, em 1748, na órbita de Johnson, o livro *The Oeconomy of Human Life – Regras para bem viver*, em nossa edição[1]. O texto, em sua própria introdução

---

1 Pretendeu-se com isso evitar a duplicidade de sentido, inevitável pelo uso corrente do termo "economia", e ao mesmo tempo manter proximidade com a ideia clássica

original, é atribuído a um sábio brâmane, embora várias outras fontes exóticas – até mesmo Confúcio – também sejam cogitadas na mesma apresentação. O conjunto do livro segue o formato de prédicas morais, ou regras de bem viver, supostamente elaboradas em difusa região do Oriente (Índia? China? Tibete?), repositório de sabedoria milenar. Evidentemente era antigo o artifício de se apelar para um olhar distante, presumivelmente inocente, profundo e arguto, que pudesse trazer luzes inéditas sobre o cenário europeu de então. Entre os precedentes mais próximos, encontram-se as famosas *Cartas persas*, de Montesquieu, publicadas em 1721, numa tradição que, no mesmo século XVIII, incorporaria ainda, em 1761, a *História de um bom brâmane* (novamente um brâmane...), de Voltaire.

Essas *Regras*, portanto, não pretendem nem podem pretender originalidade formal. E, também sem ineditismo, da mesma forma que ensaios moralistas anteriores, procuram estabelecer padrões

---

original, em que "oeconomica" significava literalmente "a ciência da boa gestão do lar ou 'vida privada' (oikos)".

de conduta. Sua originalidade e interesse repousam em sua abrangência e atilamento, e na constituição de um típico exemplar não sistemático do cânon moral sustentado pela comunidade ilustrada da época. Tais preceitos canônicos são aplicados a uma ampla taxonomia de tarefas e deveres familiares e sociais, circunstâncias de vida, paixões e fraquezas humanas universais. Para cada um desses casos, o autor reserva análise e conselhos que assegurariam ao leitor o caminho da virtude e o sucesso na vida prática. Compreensivelmente, o livro gozou do devido sucesso, foi extensiva e rapidamente traduzido e mereceu a atenção de ilustres leitores coetâneos, como Jefferson, que manteve exemplar anotado em sua biblioteca.

Mas quem seria o verdadeiro autor desse *vade-mécum* ético? Como nunca houve uma aferição oficial, permanece até hoje imaginável a alternativa sugerida na apresentação do livro: para os mais românticos ainda é possível acreditar que a obra é fruto de um pensador brâmane – ou ao menos não ocidental –, opúsculo preservado durante séculos e afinal traduzido para o chinês e, do chinês, para o inglês.

Entretanto, por mais atraente que seja o exotismo dessa alternativa, ela certamente não resiste a mais trivial possibilidade apresentada por todas as versões posteriores da mesma obra. As edições dos séculos XVIII e XIX mencionam constantemente, embora com pesos variáveis, três nomes ligados de uma ou outra forma à autoria do livro, todos os três figuras importantes no contexto da época: John Hill (1716-1775), Robert Dodsley (1704-1764), e Philip Dormer Stanhope, Conde de Chesterfield (1694-1773). Para a rápida apreciação do relevo de cada um desses protagonistas e para uma tentativa de aferição do papel que desempenharam na publicação da obra, talvez seja útil considerar a relação que mantiveram com o inevitável Dr. Johnson.

Hill, a quem frequentemente se atribui a autoria da segunda parte do livro, foi provavelmente o menos influente dos citados e aquele que menor contato teve com Johnson. Assegurando fama como editor e cientista com um trabalho botânico de fôlego, postulou um lugar na Royal Society, mas foi rejeitado e, furioso, iniciou uma campanha constante de descrédito contra a instituição. Como parte de seu ataque, escreveu e enviou para a Royal Society, sob pseudônimo, como se fosse um artigo acadêmico, um opúsculo satírico, *Lucina sine concubitu*, em que sustentava a tese de que as mulheres podiam engravidar sem o concurso de homens. A polêmica com a Royal Society, no entanto, foi apenas uma das várias querelas em que se envolveu, algumas das quais suscitadas pelas acusações de plágio que lhe foram assacadas. De maneira geral, era visto com suspeição pela comunidade letrada. O próprio Johnson declarou, em célebre conversa com George III, que Hill era homem "engenhoso, mas sem qualquer fidedignidade".

Se Hill era, no mínimo, desprezado por Johnson, o mesmo não pode ser dito a respeito de Dodsley. Inicialmente escritor e livreiro, também dramaturgo de sucesso, firmou-se como um dos mais importantes editores de sua época. Além de publicar outras obras de Johnson, foi um dos propositores originais e apoiou o financiamento do marcante *English Dictionary*. Boswell e seu ilustre biografado tinham grande respeito pelo editor e amiúde se referiam a ele da maneira mais elogiosa: "o valoroso, modesto e hábil Sr. Robert Dodsley".[2] No entanto, mesmo sendo o querido editor do poderoso dicionarista, Dodsley nunca abdicou de sua autonomia editorial. Ilustrativa dessa independência foi a proximidade que sempre manteve com o Conde de Chesterfield, este sim objeto de direta aversão por parte de Samuel Johnson.

Chesterfield foi um dos mais importantes ministros do governo inglês e, mais tarde, escritor de prestígio, especialmente pelo sucesso das várias compilações publicadas (inclusive por Dodsley) das inúmeras cartas que escreveu para seu único filho: lições morais, máximas que mereceram constantes reimpressões e atraem mesmo leitores contemporâneos pelo seu frio pragmatismo, argúcia e elegância, traços que biógrafos também identificavam na personalidade do missivista. Foi a este homem poderoso, com veleidades literárias, que Johnson e Dodsley solicitaram apoio durante a difícil trajetória de edi-

---

2 Boswell, James. *The Life of Samuel Johnson*, LL.D. (seção referente ao ano 1738)

ção do *English Dictionary*. O projeto era titânico e nem mesmo a coleta de dinheiro entre amigos e admiradores próximos tinha viabilizado a publicação do livro. A fria recepção de Chesterfield irritou Johnson, especialmente quando o conde o deixou aguardando horas em sua antessala por uma reunião. Isso foi suficiente para que atribuísse a Chesterfield o título de um dos homens mais orgulhosos e presunçosos da Inglaterra. E quando lembraram a Johnson que a sua própria indignação também denunciava orgulho, ele replicou: "Sim, mas o meu é um orgulho *defensivo*!". Entretanto, sua fúria chegaria a graus ainda mais altos quando, sete anos depois, às vésperas da impressão do livro, então já reconhecido como obra de grande prestígio, Chesterfield publicou dois artigos em que elogiava o dicionário e seu autor nos termos mais calorosos. Esses artigos foram interpretados como uma manobra desastrada para que a obra lhe fosse dedicada. Em carta célebre, o dicionarista replicou que "se o louvor tivesse vindo antes, teria sido gentil; mas atrasou-se até me ser indiferente e não mais poder apreciá-lo; até tornar-me solitário e não mais poder partilhá-lo; até tornar-me conhecido e não mais desejá-lo".[3]

Em reação à escandalosa réplica de Johnson, Chesterfield, ao que tudo indica, colocou em prática sua apologia à dissimulação e, no melhor estilo das rodas da corte, deixou a carta bem à mostra em sua mesa de trabalho, para que todos a examinassem. Para Dodsley, fez questão de lê-la na íntegra, interrompendo-se diversas vezes com o comentário: "Veja como ele se expressa maravilhosamente bem nessa passagem". Em contraste, anos depois, menos cortês e menos cortesão, Johnson afirmou que as cartas do conde a seu filho veiculavam a moral de prostitutas.

Apesar do agressivo confronto entre Johnson e Chesterfield, Dodsley continuou frequentando o conde e sendo também seu editor. De fato, Hill, Chesterfield e Dodsley continuaram a partilhar projetos, dentre os quais, muito provavelmente, a escrita e publicação destas *Regras para bem viver*. As razões para não empregarem seus próprios nomes

---

3 Citado em Boswell, carta de 7 de fevereiro de 1755.

podem ser parcialmente ligadas à conturbada relação que mantinham com a comunidade intelectual e, em particular, com Johnson. Essa era uma associação um tanto delicada. Para Dodsley, por exemplo, não deveria ser muito confortável manter cooperação com um famigerado plagiador ou com o maior desafeto de seu mais importante autor e dileto amigo. Mas seja por esta ou qualquer outra razão mais trivial, o fato é que o livro saiu sem que nenhum deles assinasse a obra, embora esta lhes fosse universalmente atribuída. Isso não era de se estranhar, posto que os "criminosos" tinham antecedentes. Em 1742, Dodsley e Chesterfield publicaram uma *Crônica dos reis da Inglaterra: da conquista normanda aos nossos dias*, história satírica, "à maneira dos antigos historiadores judeus", e assinada por um fictício Nathan Ben Saddi. Assim, não deixa de ser razoável supor que, com as *Regras*, seis anos depois, estivessem apenas reavivando o gosto, deles e da época, pela ironia, pelo moralismo aforismático ou ensaístico e pelos panfletos anônimos.

Mas mesmo que se admita ser deles a autoria das *Regras*, a participação relativa de cada um não pode ser mais que hipotética. Dodsley, em algumas edições, figura como o verdadeiro autor da peça, ao passo que outros tantos comentadores, aparentemente em maior número, atribuem este mérito a Chesterfield – para quem, de resto, a primeira edição é ironicamente dedicada. Outros ainda afirmam ser de Chesterfield a primeira parte do livro e de Hill a segunda. De qualquer modo, talvez mais relevante do que uma precisa determinação autoral seja a vivacidade desse opúsculo moral e a sensação de que estamos diante de um produto cintilante e perceptivo de uma época admirável, um elemento do universo em que habitavam Johnson e seus interlocutores.

Jézio Gutierre
FFC – Unesp – Marília

Primeira parte

Ao público

O espírito da virtude e da moralidade que emana deste antigo fragmento da cultura Oriental,[4] sua força e concisão e a esperança que possa fazer bem prevaleceram na pessoa a qual ele foi enviado, para comunicar ao público o que foi traduzido somente para seu entretenimento particular. Existem algumas razões que, no momento presente, tornam adequado ocultar não apenas seu próprio nome, como também o nome de seu correspondente, que reside na China há muitos anos e está envolvido com negócios muito diferentes daquele de colecionar curiosidades literárias. Esses motivos não sub-

---

4 A primeira parte foi publicada algum tempo antes de a outra aparecer.

sistirão por muito tempo; e como ele parece sugerir, quando de sua volta à Inglaterra, a intenção de publicar uma tradução integral da viagem completa de Cao-Tsou, o público, então, provavelmente, terá a oportunidade de se satisfazer quanto a quaisquer particularidades que porventura tenha a curiosidade de conhecer.

Ao Conde de *****

Pequim, 12 de maio, 1749.

Senhor,

Na última carta que tive a honra de escrever à Vossa Senhoria, datada de 23 de dezembro de 1748, creio que concluí tudo o que tinha a dizer a respeito da topografia e da história natural deste grande império. Propus-me, nesta e em outras que se seguirão, a registrar observações como as que consegui fazer em relação às leis, ao governo, à religião e ao comportamento do povo. Entretanto, recentemente aconteceu um episódio notável que fomenta as conversas dos *literati* daqui; e que poderá, doravante talvez, garantir assunto para especulação dos letrados da Europa. Como é de uma natureza que, tenho certeza, fornecerá entretenimento a Vossa Senhoria, empenhar-me-ei ao máximo para produzir relato tão preciso e minucioso do ocorrido quanto consegui obter.

Fazendo divisa com a China a oeste, existe um grande país denominado por alguns Barantola. Em uma província desse país, cujo nome é Lhasa, reside o Grande Lama, ou o alto sacerdote desses idólatras; ele é reverenciado, e mesmo adorado como um Deus, pela maioria das nações vizinhas. O bom conceito de que goza sua personalidade sagrada induz um número prodigioso de pessoas religiosas a recorrerem a Lhasa para prestar homenagem a ele e oferecer-lhe presentes com a intenção de receber sua bênção. Sua moradia está situada em uma grandiosa *pagoda* ou templo, construído no topo da montanha Poutala. Tanto a região ao pé dessa montanha como o distrito de Lhasa são habitados por um número inacreditável de Lamas de diferentes hierarquias e ordens, muitos dos quais possuem majestosos templos erigidos em sua honra, nas quais recebem uma espécie de adoração inferior. No país inteiro, como na Itália, abundam sacerdotes; e eles se sustentam integralmente com o grande número de ricos presentes enviados da mais extrema região do Tártaro, do império do Grande Mogul e de quase todas as partes das Índias. Quando o grande Lama é objeto da adoração das pessoas, ele é erguido em um grandioso altar e senta-se com as pernas cruzadas sobre uma magnífica almofada. Seus adoradores se prostram diante dele da forma mais humilde e abjeta; mas ele não lhes devolve o menor sinal de respeito, jamais fala, nem mesmo aos príncipes mais importantes; apenas põe a mão sobre suas cabeças e eles ficam perfeitamente convencidos de que, assim, recebem o pleno perdão de todos os seus pecados. Da mesma maneira, eles são tão extravagantes a ponto de imaginar que tudo conhecem, até mesmo os segredos do coração; e seus discípulos particulares, que perfazem cerca de duzentos dos Lamas mais eminentes, têm habilidade de fazer as pessoas acreditarem que ele é imortal e que, quando parece ter morrido, apenas muda de moradia e anima um novo corpo.

Há muito tempo, os sábios que habitam a China são da opinião que, nos arquivos desse grande templo, alguns livros muito antigos foram escondidos por muitas eras; e o atual imperador, com grande curiosidade na pesquisa de escritos antigos, tornou-se, com o passar do tempo, tão convencido da probabilidade dessa opinião que determinou que se tentasse descobrir o que fosse possível sobre disso. Com esse objetivo, seu primeiro cuidado foi encontrar uma pessoa eminentemente competente em línguas e caracteres antigos. Depois de um tempo, ele conseguiu a colaboração de um dos *hanlins*, ou doutores da primeira ordem, cujo nome era Boatsou, um homem de aproximadamente cinquenta anos, aspecto grave e nobre, com grande eloquência e que, por ter tido uma amizade inesperada com certo Lama erudito (e que havia morado por muitos anos em Pequim), tornou-se um mestre consumado na língua que os Lamas do Tibete usam entre si.

Com essas qualificações, iniciou sua viagem, e, para dar à sua tarefa maior peso, o imperador outorgou-lhe o honroso título de Calao, ou primeiro-ministro. Também lhe foram fornecidos esplêndido equipamento, comitiva e servos, assim como presentes de imenso valor, recebidos do Grande Lama e de outros Lamas de prestígio, bem como uma carta escrita de seu próprio punho, nos seguintes termos.

AO GRANDE
REPRESENTANTE DE DEUS

O Altíssimo, o Mais Sagrado e o Mais Digno de veneração!

"Nós, o Imperador da China, Soberano de todos os soberanos da Terra, na pessoa de nosso mais respeitado primeiro-ministro Cao-Tsou, com toda reverência e humildade, nos prostramos perante vossos pés sagrados e imploramos para nós, nossos amigos e nosso império, sua bênção mais poderosa e clemente.

Com forte desejo de investigar os registros da Antiguidade, para aprender e recuperar a sabedoria dos tempos passados, e sendo bem informados que, nos repositórios sagrados de sua mais antiga e venerável hierarquia, existem alguns livros valiosos, que, por serem muito antigos, tornaram-se, até para os mais sábios, quase completamente ininteligíveis; como a nós é confiado o dever de evitar que se percam por completo, houvemos por bem autorizar e utilizar nosso mais respeitável ministro Cao-Tsou, nesta nossa atual delegação a vossa sublime santidade; o objetivo da empreitada é o desejo de que tenha permissão para ler e examinar os referidos escritos. Confiamos que ele, com sua grande e incomum habilidade em línguas antigas, consiga interpretar o que for encontrado, mesmo que proveniente da mais alta e obscura Antiguidade. E ordenamos a ele que se atire a seus pés; a prova de nosso respeito é tal que confiamos que, assim o fazendo, ser-lhe-á permitido realizar o que desejamos."

Não deterei Vossa Senhoria por mais tempo com quaisquer detalhes dessa jornada, embora tenha feito um longo relato sobre ela, trazendo muitas informações surpreendentes, as quais provavelmente traduzirei e publicarei em meu retorno à Inglaterra. Permita-me recordar apenas que, quando chegou nesses territórios sagrados, o esplendor de sua aparência e a riqueza de seus presentes não foram obstáculos para que tivesse admissão imediata. A ele foram oferecidas acomodações no colégio sagrado e ele foi assistido em sua investigação por um dos Lamas mais sábios. Continuou lá por quase seis meses, período durante o qual ele teve a satisfação de encontrar muitas relíquias antigas, das quais obteve curiosos excertos e criou conjecturas tais relativas aos seus autores e à época em que foram escritas que provam ser ele um homem de grande bom-senso e percepção, bem como de vasta leitura.

No entanto, o manuscrito mais antigo que ele descobriu, o qual nenhum dos Lamas, por muitas eras, foi capaz de interpretar ou entender, é um pequeno programa de moralidade, escrito na língua e caracteres dos antigos Gimnosofistas (ou Brâmanes). Todavia, ele não pretende determinar nem quem o escreveu nem quando foi escrito. Tal texto, entretanto, foi por ele totalmente traduzido, embora, como ele próprio confessa, com a incapacidade de alcançar, na língua chinesa, a força e a sublimidade do original, pois os juízos e as opiniões dos bonzos e dos sábios doutores são muito divergentes em relação a ele. Aqueles que o admiram mais gostam de atribuí-lo a Confúcio, seu grande filósofo, e superam a dificuldade do fato de ter sido escrito em língua e caracteres dos antigos Brâmanes, supondo que o livro seria apenas uma tradução, e que o trabalho original de Confúcio se perdera. Alguns tê-lo-ão como os preceitos de Lao-kinn, outro filósofo chinês, contemporâneo de Confúcio e fundador da seita Tao-sse. Contudo, estes operam com as mesmas dificuldades em relação à língua que aqueles que atribuem o texto a Confúcio. Outros há que, por observações e sentimentos específicos que lá encontram, acreditam que o texto tenha sido escrito pelo Brâmane Dandamís, cuja famosa carta a Alexandre, o Grande, foi registrada por escritores europeus. É sobretudo com estes últimos que Cao--Tsou parece concordar; pelo menos, na medida que acredita que o texto é, de fato, obra de um antigo Brâmane; ele sente-se plenamente convencido, pela agudeza que foi escrito, que não se trata de uma tradução. Um dado, contudo, provoca dúvidas entre eles: é a forma como foi planejado, completamente nova para os orientais e, portanto, diferente de qualquer coisa que já viram; não fosse por alguma expressão peculiar ao Oriente, e pela impossibilidade de justificar o fato de ter sido escrito nessa língua muito antiga, muitos poderiam supor tratar--se de obra de um europeu.

Entretanto, seja quem for o autor desse texto, o rebuliço que provoca nesta cidade e em todo o império, o entusiasmo com o qual é lido por todas as classes de pessoas e os grandes encômios que lhe são feitos por alguns, levaram-me a tentar traduzi-lo para o inglês; especialmente porque estou convencido de que seria um presente do agrado de Vossa Senhoria; e também porque sinto-me confortavelmente propenso a fazer essa tentativa, pois, felizmente para mim, Vossa Senhoria não tem como julgar o quanto fiquei aquém do original, ou até mesmo da tradução chinesa. No entanto, talvez por outra coisa seja necessário eu me desculpar, ou, pelo menos, deva oferecer alguma explicação; refiro-me ao estilo e à maneira como o traduzi. Posso assegurar à Vossa Senhoria que, quando sentei pela primeira vez para trabalhar, não tinha a menor intenção de fazê-lo desse modo. Mas a maneira sublime de pensar, que surgiu na introdução, a energia de expressão e a brevidade das sentenças naturalmente me levaram a esse tipo de estilo. E espero que ter me baseado em um padrão tão elegante quanto a nossa versão do livro de Jó, dos Salmos, das obras de Salomão e dos profetas tenha trazido algum benefício para a minha tradução.

Da maneira como está, se proporcionar entretenimento a Vossa Senhoria, sentir-me-ei extremamente feliz e, em minha próxima obra, retomarei uma narrativa desse povo e de seu império.

Mui respeitosamente,
Seu, & c.

Introdução

Inclinai vossas cabeças para o pó, oh, habitantes da Terra! Calai-vos e recebei com reverência instrução do alto.

Onde quer que brilhe o sol, onde quer que sopre o vento, onde quer que haja um ouvido para ouvir e uma mente para conceber, que os preceitos da vida sejam comunicados; que os postulados da verdade sejam honrados e seguidos.

Todas as coisas procedem de Deus. Seu poder é imensurável, sua sabedoria é eterna e sua bondade, perene.

Ele está sentado em seu trono, no centro, e seu sopro traz vida ao mundo.

Ele toca as estrelas com os dedos e, jubilosas, elas seguem seu curso.

Nas asas do vento ele caminha para o desconhecido e realiza sua vontade em todas as regiões do espaço ilimitado.

Ordem, graça e beleza emanam de sua cabeça.

A voz da sabedoria revela-se em todos seus feitos, mas a compreensão humana não a alcança.

A sombra do conhecimento perpassa a mente do homem como um sonho: ele vê como se estivesse no escuro; faz uso da razão e é iludido.

Mas a sabedoria de Deus é como a luz do paraíso; ele não faz uso da razão; sua mente é a fonte da verdade.

Justiça e misericórdia aguardam diante de seu trono; benevolência e amor iluminam seu semblante para sempre.

Quem é igual ao Senhor na glória? Quem no poder lutará contra o Todo-Poderoso? Haverá alguém que se lhe compare em sabedoria? Pode alguém ser comparado a ele em bondade?

Oh, homem! Foi ele quem te criou! Teu lugar na Terra foi designado por ele; os poderes de tua mente são dádivas de sua bondade; o milagre de tua forma é obra de sua mão.

Ouve, então, a sua voz, pois ela é benevolente, e aquele que obedece haverá de ter a alma em paz.

Livro I
Deveres relativos ao homem, considerado um indivíduo

Capítulo I – Reflexão

Oh, homem! Associa-te contigo mesmo e considera por que foste criado.

Contempla teus poderes; contempla tuas necessidades e tuas relações, assim, descobrirás os deveres da vida e serás guiado em todos os teus caminhos. Nada fales e não ajas, antes de sopesar tuas palavras e examinar para onde se inclina cada passo teu; desse modo, o infortúnio não te perturbará, e em tua casa a vergonha será uma desconhecida; o arrependimento não te visitará, nem a dor habitará teu semblante.

O homem imprudente não controla sua língua; ele fala aleatoriamente e enreda-se na insensatez de suas próprias palavras.

Assim como aquele que, na pressa, corre e salta sobre uma cerca e pode cair em um fosso do outro lado, o qual ele não viu; assim é o homem que se lança subitamente em uma ação antes de ter considerado suas consequências.

Escuta, portanto, a voz da reflexão: suas palavras são as palavras de sabedoria e suas veredas haverão de te guiar com segurança e retidão.

Capítulo II – Humildade

Quem és tu, oh, homem, que fazes suposições com base em tua própria sabedoria? Ou por que te gabas de tuas próprias realizações?

O primeiro passo em direção à sabedoria é saber que és ignorante; e se não queres que os outros te considerem um tolo, livra-te da insensatez de te considerar sábio em tua própria arrogância.

Assim como uma vestimenta simples adorna uma bela mulher, da mesma maneira um comportamento digno é o maior adorno da sabedoria.

A fala de um homem humilde dá brilho à verdade, e a modéstia de suas palavras absolve seu erro.

Ele não confia em sua própria sabedoria; considera os conselhos de um amigo e deles colhe os benefícios.

Ele não ouve o elogio que faz a si próprio e não acredita nele; é o último a descobrir suas próprias virtudes.

Todavia, assim como um véu que se sobrepõe à beleza, da mesma forma são suas virtudes realçadas pela sombra que sua modéstia lança sobre elas.

Entretanto, atenta para o homem vaidoso e observa o arrogante! Ele se veste com ricos trajes; caminha na via pública; lança o olhar a seu redor e busca chamar atenção.

Ele joga a cabeça para trás e ignora os pobres; trata seus inferiores com insolência; e seus superiores, em contrapartida, menosprezam seu orgulho e insensatez com risos.

Ele despreza o julgamento dos outros; confia em sua própria opinião e se frustra.

Ele se assoberba com a vaidade de sua imaginação; seu deleite é ouvir e falar de si mesmo o dia inteiro.

Ele engole com avidez o elogio que faz a si mesmo; e o bajulador, em contrapartida, devora-o.

Capítulo III – Prática

Já que os dias passados se foram para sempre e aqueles que estão por vir podem não chegar para ti, cabe a ti, oh homem, utilizar o tempo presente sem te arrependeres do que já é passado, ou sem ficares na dependência em demasia do que está por vir.

Este instante te pertence; o instante seguinte esconde-se no futuro e não sabes o que ele pode trazer.

Seja o que for que decidas fazer, age rapidamente. Não adies para a noite o que podes realizar pela manhã.

A ociosidade é a mãe do querer e do sofrimento; mas o labor da virtude engendra o prazer.

A mão da diligência derrota a necessidade; prosperidade e sucesso são os servidores diligentes do homem.

Quem é aquele que adquiriu riqueza, que alcançou poder, que se vestiu com honra, que a cidade enaltece, e que se apresenta diante do rei em seu conselheiro? Aquele que impediu a ociosidade de adentrar sua casa e disse à Preguiça: "Tu és minha inimiga".

Ele se levanta cedo e se deita tarde; ele exercita a mente com a contemplação e o corpo com a ação, e preserva a saúde de ambos.

O homem preguiçoso é um fardo para si; as horas pesam sobre sua cabeça; ele vagueia por todos os lados e não sabe o que fazer.

Seus dias passam como a sombra de uma nuvem e ele não deixa atrás de si qualquer vestígio como lembrança.

Seu corpo está combalido pela falta de exercício; ele deseja ação, mas não tem forças para se mover; sua mente está mergulhada na escuridão; seus pensamentos estão confusos; ele anseia por conhecimento, mas não persevera.

Ele comeria a amêndoa, mas abomina o trabalho de quebrar sua casca.

Sua casa está em desordem, seus servos são esbanjadores e dispersos, e ele se encaminha para a ruína; ele a vê com os próprios olhos, escuta-a com os próprios ouvidos; abana a cabeça em sinal de desânimo, mas não tem determinação, até que a ruína lança-se sobre ele como um furacão, vergonha e arrependimento baixam com ele à sepultura.

Capítulo IV – Emulação

Se tua alma tem sede de honra, se teu ouvido tem prazer na voz do louvor; ergue-te do pó, do qual foste feito – e faz de tua meta algo digno de louvor.

O carvalho que agora espalha seus galhos em direção aos céus foi um dia uma bolota nas entranhas da terra.

Empenha-te em ser o primeiro em tua missão, seja ela qual for; e não permitas que ninguém te ultrapasse nas boas ações; contudo, não invejes os méritos dos outros; antes melhora tuas próprias habilidades.

Despreza também o ensejo de abater teu concorrente com qualquer método desonesto ou indigno; luta para erguer-te acima dele, superando-o apenas. Assim, aqueles que lutam por superioridade são coroados com honra, se não com o sucesso.

Em uma emulação virtuosa, o espírito do homem é exaltado dentro dele; ele anseia por fama e, como um corredor, regozija-se em fazer o seu percurso.

Ele se eleva como uma palmeira, apesar da opressão; e, como uma águia no firmamento, voa bem alto e fixa o olhar nas glórias do sol.

À noite, os exemplos de homens eminentes fazem parte de suas visões; e seu contentamento é segui-los durante o dia.

Ele cria grandes projetos, regozija-se com sua execução e seu nome espalha-se aos quatro cantos do mundo.

No entanto, o coração do homem invejoso é malquerença e amargura. Sua língua expele veneno, o sucesso do vizinho interrompe seu descanso.

Ele senta-se em seu aposento, lamentando-se; o bem que aconteceu ao outro é para ele um mal.

Ódio e rancor alimentam seu coração e ele não encontra paz.

Ele não sente no próprio peito amor à bondade e, portanto, acredita que o vizinho é igual a ele.

Ele se empenha em depreciar aqueles que o superam e interpreta mal tudo o que a ele fazem.

Ele fica à espreita e trama maldade; porém, o ódio que nutre por um homem o persegue; ele é esmagado como se fosse uma aranha em sua própria rede.

Capítulo V – Prudência

Ouve as palavras da Prudência, dê atenção a seus conselhos e guarde-os em teu coração: são máximas universais e todas as virtudes se apoiam nela. É a guia e a senhora da vida humana.

Põe uma rédea na tua língua; coloca uma proteção em teus lábios para que as palavras de tua própria boca não destruam tua paz.

Que aquele que zomba do coxo cuide para que ele próprio não manqueje; seja quem quer que fale das falhas alheias com prazer, este ouvirá falar de suas próprias falhas com rancor no coração.

Muita palração traz arrependimento; no silêncio reside a segurança.

Um homem boquirroto é um incômodo à sociedade; o ouvido sofre com sua taramelagem; a torrente de suas palavras aniquila a conversa.

Não te gabes de ti mesmo, pois isso trará desprezo por ti; nem ridicularizes o outro, pois isso é perigoso.

Uma zombaria amarga é o veneno da amizade; e aquele que não consegue refrear sua língua encontrará aborrecimentos pela frente.

Cuida que tuas acomodações sejam apropriadas a tua condição; todavia, não gastes mais que podes, para que a prudência de tua juventude possa ser o conforto de tua velhice.

A avareza é a mãe de atos maléficos, mas a frugalidade é a guardiã verdadeira de nossas virtudes.

Que teus próprios negócios absorvam toda tua atenção; deixa o cuidado do Estado por conta dos governantes.

Não te permitas recreações dispendiosas para que a dor de adquiri-las não exceda o prazer que tens em desfrutá-las. Também não permitas que a prosperidade vede os olhos da prudência, nem que a abundância ceife as mãos da frugalidade; aquele que se excede em demasia nas frivolidades da vida viverá lamentando a falta daquilo que é de fato necessário. Aprende a ser sábio com a experiência dos outros; com seus defeitos, corrige tuas próprias falhas.

Não confies em homem algum antes de o teres testado. Contudo, não desconfies sem razão; não é atitude benevolente.

Porém, quando tiveres a certeza da honestidade de um homem, guarda-o bem em teu coração como se fosse um tesouro; tem-no em conta como uma joia de inestimável valor.

Não recebas favores de um homem mercenário, nem te associes aos maus; eles serão armadilhas para tua virtude e trarão pesar para tua alma.

Não uses hoje o que podes precisar amanhã; nem deixes ao acaso o que podes prever com a antevisão ou agir com cautela.

Entretanto, não esperes, nem mesmo da Prudência, sucesso infalível, porque o dia não sabe o que a noite pode trazer.

Nem sempre o tolo é desafortunado; nem sempre o sábio é bem-sucedido. Ainda assim, nunca um tolo teve alegria plena, nem um sábio sentiu-se completamente infeliz.

Capítulo VI – Perseverança

Perigos e infortúnios, carência, dor e injúria são, mais ou menos, o quinhão garantido de todos os que vêm a este mundo.

Oh, filho da calamidade! Cabe a ti, portanto, fortificar tua mente desde cedo com coragem e paciência, para que possas suportar, com a firmeza apropriada, a parcela de maldade humana que te foi atribuída.

Assim como o camelo suporta o trabalho, o calor, a fome e a sede pelos desertos de areia e não esmorece, da mesma forma a perseverança do homem haverá de sustentá-lo diante de todos os perigos.

Um espírito nobre desdenha os malefícios da opulência; sua grandeza de alma não deve esmorecer.

Ele não se permite depender dos sorrisos da felicidade e, portanto, não se afligirá quando ela lhe franzir o cenho.

Assim como uma rocha na praia, ele permanece firme e as ondas desenfreadas não o perturbam.

Ele ergue a cabeça como uma torre no alto de uma colina e as flechas da sorte caem a seus pés.

No momento do perigo, a coragem de seu coração o sustenta; a solidez de sua mente o fortifica.

Ele se depara com os males da vida como um homem que parte para a guerra e retorna com a vitória nas mãos.

Sua serenidade aplaca a pressão de seus infortúnios; com persistência, ele haverá de superá-los.

Todavia, o espírito pusilânime de um homem temeroso o trai até a vergonha.

Ao se acanhar diante da pobreza, ele se curva à mesquinharia; e, ao suportar docilmente os insultos, ele torna-se um convite à injúria.

Assim como o junco balança ao sabor do vento, da mesma forma a sombra do mal o faz estremecer.

Na hora do perigo, ele sente-se envergonhado e perplexo; na hora da desdita ele sucumbe, e o desespero se apodera de sua alma.

Capítulo VII – Contentamento

Oh, homem! Não te esqueças que teu lugar na Terra é designado pela sabedoria do Eterno, que conhece teu coração, que vê a futilidade de todos os teus desejos e que muitas vezes, por misericórdia, nega teus pedidos.

Ainda assim, para todos os desejos razoáveis, para todos os esforços honestos, sua benevolência estabeleceu na natureza das coisas uma probabilidade do sucesso.

O desalento que sentes, o infortúnio que lamentas – atenta para suas origens! Atenta também para tua própria insensatez, teu próprio orgulho, tuas fantasias destemperadas.

Não te lamentes, portanto, desses desígnios de Deus; corrige teu próprio coração. Nem digas a ti mesmo "se eu tivesse riqueza ou poder ou lazer, eu seria feliz"; não duvides que eles trazem àqueles que os possuem suas inconveniências peculiares.

O homem pobre não vê os aborrecimentos e as ansiedades do rico, não conhece as dificuldades e as perplexidades do poder, nem conhece os aborrecimentos do lazer. Portanto, é por isso que ele se queixa de seu próprio quinhão.

Logo, não invejes a felicidade aparente de homem algum, pois não conheces suas dores secretas.

Estar satisfeito com pouco – eis a grande sabedoria; e aquele que aumenta sua riqueza aumenta suas preocupações; porém, uma mente satisfeita é um tesouro escondido que os problemas não encontram.

Mesmo assim, se não permites que as tentações da sorte te roubem a justiça, ou a temperança, ou a caridade, ou a modéstia, nem mesmo a própria riqueza te fará infeliz.

Mas, então, aprenderás que a taça da felicidade, pura e não adulterada, não é, de maneira alguma, hausto para o homem mortal.

A virtude é uma maratona que Deus determinou ao homem e a felicidade é a meta à qual ninguém conseguirá chegar enquanto não tiver completado seu curso e recebido sua coroa nas mansões da eternidade.

Capítulo VIII – Temperança

A melhor maneira de te aproximares da felicidade, do lado de cá da sepultura, é desfrutando da saúde, da sabedoria e da paz de espírito concedidas pelo Reino Divino.

Se possuis essas bênçãos, e gostarias de preservá-las até a velhice, evita encantar-te com a volúpia e foge de suas tentações.

Quando ela espalha suas iguarias na bandeja, quando seu vinho borbulha na taça, quando ela te sorri e te convence a ser folião e alegre, então essa é a hora do perigo; permite que a razão se mantenha firme, em guarda.

Porque se dás ouvido às palavras dessa adversária da virtude, serás enganado e traído.

A alegria que ela promete transforma-se em desatino e suas diversões levam a enfermidades e à morte.

Olha para sua comitiva, lança teu olhar a seus convidados e observa aqueles que foram atraídos por seus sorrisos, aqueles que escutaram suas tentações.

Não são eles fracos? Não são eles levianos? Não são eles desprovidos de espírito?

Suas curtas horas de deleite e alvoroço são seguidas de entediantes horas de dor e desconsolo. A volúpia perverteu e saciou seus apetites e agora eles não derivam qualquer prazer de suas iguarias; seus adeptos tornaram-se suas vítimas – Essa é a consequência justa e natural, que Deus ordenou na constituição das coisas, para punir aqueles que abusam de suas dádivas.

No entanto, quem é ela que, com passos graciosos e um ar jovial, tropeça naquela longínqua planície?

O rosa cora as maçãs de seu rosto, a doçura da manhã sopra de seus lábios. A alegria, temperada de inocência e modéstia, brilha em seus olhos e, por conta da alegria de seu coração, ela canta enquanto caminha.

O nome dela é Saúde. É filha do Exercício, que gerou sua própria temperança. Seus filhos habitam as montanhas que se estendem pelas regiões do norte de San Ton Hoe.

Eles são corajosos, ativos e cheios de vida e partilham todas as belezas e virtudes de sua irmã.

O vigor retesa seus nervos, a força mora em seus ossos, o trabalho é seu deleite durante todo o dia.

Seus apetites são estimulados pelos empreendimentos de seu pai, e os repastos de sua mãe os revigoram. Combater as paixões é seu regozijo; vencer os maus hábitos, sua glória.

Seus prazeres são moderados e, portanto, perduram; seu repouso é pequeno, mas profundo e tranquilo.

Seu sangue é puro, suas mentes, serenas; e o terapeuta não precisa encontrar o caminho de suas casas.

Porém, a segurança não compartilha sua morada com os filhos dos homens, nem se encontra dentro de seus portões.

Ei-los aqui expostos a novos perigos advindos de fora, enquanto um traidor lá dentro sorrateiramente prepara-se para traí-los.

Sua saúde, sua força, sua beleza e atividade suscitaram o desejo no coração do amor lascivo.

Ela permanece em seu caramanchão; busca o olhar deles e espalha suas tentações.

Seus membros são macios, seu semblante, delicado, suas vestes, largas e convidativas. A lascívia revela-se em seus olhos e seu seio abriga a tentação. Ela faz sinal a eles com a mão; com o olhar dirige-lhes galanteios, e com a suavidade de sua língua empenha-se em enganá-los.

Ah! Foge das tentações a que ela te expõe, veda teus ouvidos às suas palavras sedutoras. Se fores tocado pela languidez de seus olhos, se ouvires a suavidade de sua voz, se ela atirar os braços a tua volta, ela aprisionar-te-á para sempre.

A vergonha virá em seguida, e então a doença, a necessidade, a inquietude e o arrependimento.

Enfraquecida pelo galanteio, mimada com extravagância e mitigada pela preguiça, a força irá abandonar teus membros e a saúde deixará teu corpo. Teus dias serão poucos e inglórios; teus pesares serão muitos e não encontrarás compaixão.

Livro II
As paixões

Capítulo I – Esperança e temor

As promessas de esperança são mais perfumadas que os botões da rosa e muito mais agradáveis à expectativa; mas as ameaças do temor são terríveis ao coração.

Contudo, não permitas que a esperança te encante, nem que o temor te impeça de fazer o que é certo: desse modo, estarás preparado para enfrentar todos os eventos com a mente em equilíbrio.

Para os bons de coração, os pavores, até mesmo os da morte, não são pavores; aquele que não comete maldade nada tem a temer.

Em todos os teus projetos deixa que uma confiança razoável anime teus esforços; se perderes a esperança no sucesso, sucesso não encontrarás.

Não apavores tua mente com temores vãos, nem permitas que teu coração sucumba aos fantasmas da tua imaginação.

O infortúnio provém do medo; mas aquele que tem esperança ampara a si próprio.

Assim como o avestruz que, quando perseguido, esconde a cabeça mas se esquece do corpo, assim o medo do covarde o expõe ao perigo.

Se acreditas que algo é impossível, tua desesperança fará que assim o seja; mas aquele que persevera haverá de superar todas as dificuldades.

Uma esperança vã lisonjeia o coração de um tolo; mas aquele que é sábio não a persegue.

Em todos teus desejos, deixa que a razão caminhe ao teu lado, e não estabeleças tuas esperanças para além dos limites da probabilidade; assim, o sucesso atenderá tuas necessidades e teu coração não será perturbado com desapontamentos.

Capítulo II – Alegria e pesar

Não permitas que tua alegria seja tão exagerada a ponto de intoxicar tua mente, nem que teu pesar seja tão profundo a ponto de deprimir teu coração. Este mundo não concede bem tão arrebatador nem inflige mal tão severo que possam elevá-lo muito acima ou lançá-lo muito abaixo da balança da moderação.

Repara! Lá adiante fica a morada da alegria. Está pintada do lado de fora e parece esplêndida; pode ser que a reconheças pelo barulho contínuo de alegria e júbilo que dela emana.

A mulher está à porta e, em voz alta, chama todos os que passam; ela canta, grita e ri sem cessar.

Ela os convida a entrar e experimentar os prazeres da vida, os quais, diz ela, não podem ser encontrados em lugar algum, exceto debaixo de seu teto.

Entretanto, não adentres o portão, nem te associes àqueles que frequentam sua casa.

Eles se denominam filhos da alegria, riem e parecem se regozijar; mas o desvario e a insensatez revelam-se em tudo o que fazem.

Eles caminham lado a lado com a iniquidade e seus passos os conduzem ao reino da maldade.

Os perigos vivem a sua volta e o poço da destruição boceja sob seus pés.

Olha agora para o outro lado e observa, naquele vale ensombrado de árvores e escondido da vista dos homens, a moradia da tristeza.

Ela tem o peito ofegante de suspiros, a boca cheia de lamentações; o tema da miséria humana é seu tema preferido.

Ela contempla os acidentes comuns da vida e se aflige; a fraqueza e a maldade do homem são os temas de seus lábios.

Para ela, a natureza inteira transborda crueldade; cada objeto que vê tem algo da escuridão de sua própria mente e a voz da lamentação entristece sua morada dia e noite.

Não te aproximes de sua alcova; sua respiração é contagiosa: ela destrói as frutas e seca as flores que adornam e adocicam o jardim da vida.

Ao evitar a casa da alegria, não deixes teus pés te enganarem e te conduzirem para as fronteiras dessa sombria mansão; mas segue com cuidado o caminho do meio, que te levará, por uma encosta suave, à morada da tranquilidade.

Com ela mora a paz, com ela moram a segurança e o contentamento. Ela é alegre, mas não radiante; é séria, mas não sisuda; considera as alegrias e tristezas da vida com olhos equilibrados e serenos.

Desse ponto, como uma majestade, contemplarás a insensatez e as agruras daqueles que, levados pelo regozijo de seus corações, ocupam as moradias com seus companheiros de brincadeiras e alegria desenfreada; ou daqueles que, infectados pela desolação e melancolia, passam dias lamuriando-se dos infortúnios e das calamidades da vida humana.

Contemplarás ambos com compaixão, e os enganos que cometeram te impedirão de te desviares do caminho.

Capítulo III – Ira

Assim como o turbilhão em fúria arrebenta as árvores e deforma a face da natureza, ou assim como um terremoto, em suas convulsões, destrói cidades, da mesma forma a cólera de um homem enfurecido lança danos à sua volta; ele tem nas mãos perigo e destruição.

Mas reflete bem e não te esqueças de tua própria fraqueza; desse modo, perdoarás as fraquezas alheias.

Não te deixes levar pelo calor da ira; ela está afiando a espada para ferir-te no peito ou assassinar teu amigo.

Se suportas leves provocações com paciência, esta será imputada a ti como sabedoria; e se as limpares de tuas lembranças, teu coração estará em paz e tua mente não te reprovará.

Não vês que o homem rancoroso perde o juízo? Enquanto ainda tens o domínio do bom-senso, deixa que a ira do outro te sirva de lição.

Nada faças movido pela paixão. Por que ir para o mar durante uma tempestade violenta?

Se for difícil controlares tua ira, é sábio preveni-la; evita, portanto, toda oportunidade de te submeteres a ela ou te protege dela sempre que puderes.

Um tolo é provocado por falas insolentes, mas um sábio ri delas com desdém.

Não abrigues vingança no teu peito; ela atormenta teu coração e apaga as melhores inclinações que possa ter.

Prepara-te mais para perdoar que para devolver a injúria; aquele que aguarda uma oportunidade de vingança jaz em emboscada contra si próprio e causa danos a sua própria mente.

Uma resposta suave a um homem enfurecido como água lançada no fogo, abate o calor, e de inimigo ele se tornará teu amigo.

Observa bem como tão poucas coisas são dignas de rancor e acharás que apenas os tolos sentem-no.

O rancor sempre começa na insensatez ou na fraqueza; mas lembra-te bem: raramente termina sem arrependimento.

Nos calcanhares do desatino caminha a vergonha; atrás da ira esconde-se o remorso.

Capítulo IV – Piedade

Assim como as flores e os botões são espalhados sobre toda a terra pela mão da primavera; assim como o verão, com sua generosidade produz fartura na colheita; da mesma forma o sorriso da piedade derrama bênçãos sobre os filhos do infortúnio.

Aquele que se apieda do outro recomenda-se a si próprio; mas aquele que não tem compaixão, por sua vez, não a merece.

O açougueiro não cede ao balido do cordeiro; do mesmo modo, o coração do ímpio não é tocado pelo sofrimento.

Porém, as lágrimas daquele que é misericordioso são mais doces que as gotas do orvalho que caem das rosas no coração da terra.

Portanto, não tampes os ouvidos ante o clamor dos pobres, nem endureças teu coração ante o infortúnio dos inocentes.

Quando os órfãos clamam por ti, quando o coração da viúva está despedaçado e ela, com lágrimas de sofrimento, te implora auxílio; apieda-te de sua aflição e estende tua mão àqueles que não têm ninguém para oferecer-lhes amparo.

Quando vires o andarilho nu vagando pelo mundo, tremendo de frio, sem moradia, deixa que a bondade abra teu coração, deixa que as asas da caridade protejam-no da morte; para que tua própria alma possa viver.

Enquanto o pobre enfermo se lamenta na cama, enquanto os desafortunados definham nos horrores da masmorra, ou as cabeças grisalhas levantam a ti um olhar abatido, como a pedir piedade; oh, como podes deleitar-te com os prazeres supérfluos, insensível a suas aflições, sem te incomodares com suas necessidades?

Capítulo V – Desejo e amor

Cuidado, jovem! Cuidado com as seduções da libertinagem! Não permitas que a meretriz te seduza excessivamente com seus prazeres.

O delírio do desejo derrota aquilo que ele próprio busca; a cegueira de seu furor precipitá-lo-á na ruína.

Portanto, não te rendas ao doce fascínio que ela representa, nem permitas que tua alma seja escravizada por suas falsidades arrebatadoras.

A fonte da saúde, que deve suprir o riacho do prazer, secará rapidamente, e toda fonte de alegria esgotar-se-á.

Na plenitude da vida, a senectude tomará conta de ti. Teu sol declinará na alvorada de teus dias.

Contudo, quando a virtude e a modéstia iluminarem os fascínios da vida, o brilho de uma bela mulher será mais intenso do que as estrelas no céu e será impossível resistir ao poder que ela exercerá.

A pureza de seu peito transcende o lírio; seu sorriso é mais agradável que um jardim de rosas.

A inocência de seu olhar é como a de uma tartaruga; a simplicidade e a verdade habitam seu coração.

Os beijos de sua boca são mais doces que o mel; os perfumes da Arábia exalam de seus lábios.

Não feches teu peito para a ternura do amor; a pureza de sua chama enobrecerá teu coração e ele receberá com mais brandura as mais belas impressões.

Livro III
Mulher

Empresta teus ouvidos – bela filha do amor! – às instruções da prudência e deixa que os preceitos da verdade calem fundo no teu coração. Dessa maneira, o magnetismo da tua mente acrescentará brilho à elegância da tua forma; e tua beleza, semelhante à da rosa, guardará sua doçura, mesmo quando a flor murchar.

Na primavera de tua vida, nas manhãs de teus dias, quando os olhares dos homens te contemplam com encantamento e a natureza sussurra em teus ouvidos o significado de seus olhares – ah! – ouve com cuidado suas palavras sedutoras, protege bem teu coração; não dês ouvidos se tentarem persuadir-te com doces palavras.

Lembra-te de que foste feita a companheira racional do homem, não a escrava de sua paixão; a finalidade de teu ser não é meramente satisfazer seu desejo libertino, mas assisti-lo em sua labuta diária, confortá-lo com tua ternura e recompensar os cuidados dele com suave desvelo.

Quem é a que conquista o coração do homem, que ganha seu amor e reina em seu peito?

Vê! Lá, ao longe, ela caminha com sua doçura virginal, com inocência na mente e recato na face.

Suas mãos buscam trabalho, seus pés não têm interesse em vaguear sem destino.

Ela se veste com cuidado, alimenta-se com moderação; humildade e mansuetude são uma coroa de glória sobre sua cabeça.

Na sua língua habita a música e a doçura do mel flui de seus lábios.

A decência revela-se em suas palavras; delicadeza e verdade estão em suas respostas.

Submissão e obediência são as lições de sua vida, e paz e alegria são sua recompensa.

A prudência caminha à sua frente e a virtude assiste sua mão direita.

Seus olhos transmitem ternura e amor; mas discrição, como um cetro, se assenta em sua fronte.

A língua do libertino se emudece em sua presença; o respeito pela sua virtude o mantém em silêncio.

Quando há escândalo e a reputação de seu vizinho passa de boca em boca, se a benevolência e a boa índole não lhe abrirem a boca, o dedo do silêncio repousa em seus lábios.

Seu peito é a mansão da bondade; portanto, ela não suspeita de maldade nos outros.

Feliz é o homem que desposa tal mulher; feliz é a criança que a chama de mãe.

Ela comanda sua casa e mantém a paz; ela exige bom-senso e é obedecida.

Levanta-se de manhã, pensa em seus afazeres e mostra a cada um a parte da tarefa que lhe cabe.

O cuidado com a família é seu completo deleite; é apenas a isso que ela se dedica; em sua moradia o esmero e o comedimento são visíveis.

A prudência com que administra faz o marido sentir-se honrado; e ele ouve elogios a ela em secreta satisfação.

Ela orienta os filhos com sabedoria; conduz seus modos através do exemplo de sua própria bondade.

Sua palavra é lei para os filhos; ao seu olhar eles a obedecem.

Ela fala e seus serviçais atendem-na imediatamente; aponta para a tarefa e ela é feita.

Isso acontece porque a lei do amor está em seus corações e, diante da bondade dela, eles ganham asas nos pés.

Diante da prosperidade ela não se envaidece; diante da adversidade, ela trata com paciência da ferida que o destino impingiu.

As atribulações do marido são aplacadas com seus conselhos e atenuadas com palavras carinhosas; ele lhe abre o coração e dela recebe conforto.

Feliz o homem que toma para si essa mulher; feliz a criança que a chama de mãe.

Livro IV
Consanguinidade ou relações naturais

Capítulo I – Esposo

Escolhe uma esposa para ti e obedece às ordens de Deus: toma uma esposa para ti e torna-te um membro fiel da comunidade.

Porém, examina com cuidado e não te precipites. Tua alegria futura depende de tua escolha presente.

Se ela gasta muito tempo ao se vestir e se arrumar; se ela se encanta com sua própria beleza e se elogia a si própria; se ri muito e fala alto, se não tolera a casa de seu pai; e se seus olhos atrevidos buscam outros homens: embora sua beleza seja como a do sol no firmamento, afasta teus olhos de seus encantos, afasta teus pés de seu caminho; e não permitas que tua alma caia na armadilha dos feitiços da imaginação.

Mas quando encontrares sensibilidade de coração, juntamente com delicadeza de modos; uma mente perfeita, com uma forma agradável ao teu gosto, leva-a para tua casa: ela merece ser tua amiga, tua companheira por toda a vida, a esposa do teu coração.

Oh! Acalenta-a como uma bênção dos céus que foi enviada a ti. Conquista o seu coração com a delicadeza de teu comportamento.

Ela é a senhora de teu lar; trata-a, portanto, com respeito; assim teus serviçais podem obedecê-la.

Não te oponhas a suas inclinações sem motivo; ela é a companheira de tuas preocupações; faça dela também a companheira de teus prazeres.

Reprova suas faltas com civilidade; não cobres dela obediência com rigor.

Confia teus segredos a ela, pois ela é a mãe de teus filhos.

Quando a dor e a doença a atormentarem, que tua compaixão abrande sua aflição; teu olhar de piedade e de amor aliviará seu sofrimento ou minorar sua dor e terá mais valor que dez médicos.

Considera a ternura de seu sexo, a delicadeza de sua constituição; e não sejas severo com sua fraqueza; lembra-te de tuas próprias imperfeições.

Capítulo II – Pai

Considera tu, que és pai, a importância de tua responsabilidade; é teu dever cuidar do ser que geraste.

Depende também de ti se essa criança será uma bênção ou uma maldição; um membro proveitoso ou imprestável para a comunidade.

Educa-a desde cedo e tempera sua mente com as máximas da verdade.

Observa seus pendores, coloque-a no caminho certo em sua juventude e não deixes que nenhum mau hábito ganhe força com os anos.

Então, ela haverá de erguer-se como o cedro nas montanhas; sua cabeça será vista acima das árvores da floresta.

Um filho malvado é uma desonra para o pai; mas aquele que age com retidão é uma honra a seus cabelos brancos.

O solo é teu; não o deixes sem cultivo; a semente que semeias, colherás.

Ensina-lhe obediência e ele abençoar-te-á, ensina-lhe humildade e ele não sentirá vergonha.

Ensina-lhe gratidão e ele receberá benefícios; ensina-lhe caridade e ele receberá amor.

Ensina-lhe temperança e ele terá saúde; ensina-lhe prudência e a sorte estará com ele.

Ensina-lhe justiça e ele será honrado pelo mundo; ensina-lhe sinceridade e seu próprio coração não o censurará.

Ensina-lhe diligência e sua riqueza aumentará; ensina-lhe benevolência e sua mente será exaltada.

Ensina-lhe habilidades e sua vida será útil; ensina-lhe religião e ele terá uma morte abençoada.

Capítulo III – Filho

Que o homem adquira sabedoria com as criaturas de Deus; que aplique a si mesmo o conhecimento que delas recebe.

Vai para o deserto, meu filho! Observa a jovem cegonha; deixa-a falar a teu coração; sob suas asas ela carrega seu velho genitor, e dá-lhe proteção e alimento.

A piedade da criança é mais doce que o incenso da Pérsia, oferecido ao sol; sim, mais delicioso que os aromas de especiarias árabes, trazidos pelas tempestades ocidentais.

Sê grato, então, a teu pai, pois ele te deu a vida; e a tua mãe, pois ela te alimentou.

Escuta as palavras de teu pai, pois elas são ditas para teu bem; dá ouvidos a suas admoestações, porque elas provêm do amor.

Ele se preocupou com teu bem-estar, trabalhou para tua comodidade; respeita, portanto, a sua idade e não deixes que seus cabelos brancos sejam tratados com desrespeito.

Não te esqueças de tua infância indefesa, nem das audácias da juventude, e seja indulgente com as enfermidades de teus velhos pais; assiste-os e protege-os no fim da vida.

Assim, suas cãs irão em paz para a sepultura e teus próprios filhos, seguindo teu exemplo, dar-te--ão em troca piedade com amor filial.

Capítulo IV – Irmãos

Sois filhos de um pai que vos dispensou todos os cuidados, e de uma mãe de cujo peito vos alimentastes.

Portanto, que os laços da afeição te unam a teus irmãos, que a paz e a felicidade possam morar na casa de teu pai.

E quando vos separardes no mundo lembrai-vos da relação que vos vinculou ao amor e à unidade e recusai-vos a preferir um estranho àquele que tem vosso próprio sangue.

Se teu irmão for abatido pela adversidade, presta-lhe assistência; se tua irmã estiver em dificuldade, não te esqueças dela.

Assim, a riqueza de vosso pai contribuirá para o suporte de toda vossa raça; e ele continuará a estender seus cuidados a todos vós, no vosso amor um pelo outro.

Livro V
Providência Divina ou a diferença acidental entre os homens

Capítulo I – Sábio e ignorante

Os dons da compreensão são os tesouros de Deus; e ele indica a cada um a porção cuja medida lhe parece conveniente

Ele te dotou de sabedoria? Iluminou tua mente trazendo-te a verdade? Comunica-a aos ignorantes para que eles a aprendam; fala com o sábio para teu próprio progresso.

A verdadeira sabedoria é menos pretensiosa que a insensatez. O homem sábio geralmente duvida e muda de ideia; o tolo é obstinado e jamais duvida; ele conhece tudo, exceto sua própria ignorância.

O orgulho do vazio é uma abominação, e falar demais é a tolice da insensatez; não obstante, é parte da sabedoria suportar a impertinência dos tolos, ouvir seus absurdos com paciência e compadecer-se de suas fraquezas.

Todavia, não te deixes enfatuar com tua própria jactância; nem te gabes de conhecimento superior; o mais claro conhecimento humano não passa de cegueira e desatino.

O homem sábio percebe suas imperfeições e sente-se humilhado; em vão ele se empenha para sua própria aprovação. Mas o tolo espia o ribeirão raso de sua própria mente e sente-se satisfeito com os seixos que vê no fundo; ele os traz para cima e os mostra como se fossem pérolas, e se encanta com o aplauso dos irmãos.

Ele se gaba de feitos obtidos de coisas sem valor; mas onde ser ignorante é uma vergonha, disso ele nada entende.

Até mesmo nos caminhos da sabedoria ele busca com empenho a insensatez; e vergonha e desapontamento são a recompensa de sua faina.

Porém, o homem sábio cultiva a mente com conhecimento; a melhoria das artes é seu deleite e a utilidade delas para o público coroa-o com honra.

Todavia, para ele, atingir a virtude é o mais alto aprendizado; e a ciência da alegria é o estudo de sua vida.

Capítulo II – Rico e pobre

O homem a quem Deus concedeu riquezas e abençoou com inteligência para que delas fizesse uso correto é especialmente favorecido e altamente conceituado.

Ele vê sua riqueza com prazer, porque ela pode proporcionar-lhe os meios para fazer o bem.

Ele protege os pobres ofendidos; não tolera os poderosos que oprimem os fracos.

Ele procura criaturas que merecem compaixão; investiga seus desejos, acalma-os com bom-senso e sem ostentação.

Ele os assiste e recompensa-os com mérito; encoraja a inventividade e promove com liberalidade cada projeto útil.

Ele dá andamento a grandes obras; seu país se enriquece e o trabalhador tem emprego; ele cria novos projetos e as artes avançam.

Ele vê os excessos de sua mesa como algo que pertence aos desvalidos de sua vizinhança e jamais os engana.

Sua benevolência não é validada pela sua fortuna; logo, ele se regozija com as riquezas e sua satisfação é ímpar.

Mas pobre daquele que acumula riquezas em abundância e se alegra com a posse delas sem compartilhá-las.

Aquele que ri na cara dos desfavorecidos e não lhes respeita o suor do rosto;

Ele prospera na opressão sem qualquer sentimento; a ruína de seu irmão não o perturba.

Ele sorve as lágrimas do órfão como se fossem leite; o lamento da viúva é música para seus ouvidos.

Seu coração está endurecido pelo amor às riquezas; nem a dor nem a desgraça podem movê-lo.

Mas a maldição da iniquidade o persegue: ele vive em constante temor; a ansiedade de sua mente e os desejos vorazes de sua própria alma se vingam dele, por conta das calamidades que ele trouxe aos outros.

Ah! O que são as misérias da pobreza se comparadas aos tormentos do coração desse homem?

Que o pobre se console a si mesmo, sim, que ele se rejubile, pois tem muitas razões para fazê-lo.

Ele se senta para comer sua porção em paz; à sua mesa não sentam aduladores e comilões.

Ele não se desconcerta com um cortejo de dependentes, nem se exaspera com os clamores das tentações.

Excluído dos requintes dos ricos, ele também escapa de suas mazelas.

Não é de seu gosto o pão que ele come? Não satisfaz sua sede a água que ele bebe? Sim, e é muito mais deliciosa que as bebidas do libertino.

Seu labor preserva sua saúde e lhe proporciona repouso, para o qual a cama macia da preguiça é uma estranha.

Ele limita seus desejos com humildade; e a tranquilidade do contentamento é mais doce à sua alma que a aquisição de riqueza e opulência.

Que o rico, portanto, não teorize sobre sua riqueza, nem o desfavorecido esmoreça em sua pobreza; porque a providência divina distribui felicidade a ambos e essa distribuição é feita de maneira mais igualitária que o tolo pode imaginar.

Capítulo III – Senhor e servos

Oh, homem! Não te queixes de tua condição de servo: é um desígnio de Deus e traz muitas vantagens; ela te afasta das preocupações e dos apelos da vida.

A honra de um servo está em sua fidelidade; suas maiores virtudes são a submissão e a obediência.

Logo, sê paciente quando fores repreendido por teu senhor; e, quando isso acontecer, não lhe respondas. O silêncio resignado não será esquecido.

Dedica-te aos interesses dele; sê diligente em seus negócios e fiel à confiança que ele depositou em ti.

Teu tempo e teu trabalho lhe pertencem. Não o enganes quanto a isso, pois és pago por ambos.

E tu, que és patrão, sê justo com teu servo, se esperas dele fidelidade, e razoável em tuas ordens, se esperas obediência imediata.

O espírito do homem está dentro dele; severidade e rigor podem gerar medo, porém jamais impõem seu amor.

Mescla gentileza com reprimenda, e razão com autoridade; dessa maneira, tuas admoestações ocuparão o seu coração e seus deveres serão prazerosos.

Ele haverá de te servir fielmente com sentimento de gratidão; ele haverá de te obedecer alegremente, pelo princípio do amor; e não te esqueças, por tua vez, de recompensá-lo adequadamente por sua diligência e fidelidade.

Capítulo IV – Governantes e súditos

Oh tu, favorito dos Céus! Com os quais os filhos dos homens, vossos iguais, concordaram em elevar-vos ao poder soberano e designar-vos seu governante, considerai os fins e a importância da confiança que em vós eles depositaram muito mais que a dignidade e a importância de vossa posição.

Vossas vestes são púrpura e estais sentado em um trono; a coroa da majestade cobre vossas têmporas, o cetro do poder está em vossa mão; contudo, não foram a vós que essas insígnias foram outorgadas; não para vosso próprio benefício, mas para o bem do vosso reino.

A glória de um rei é o bem-estar de seu povo; seu poder e domínio estão nos corações de seus súditos.

A mente de um grande príncipe é exaltada com a grandeza de sua posição; ele faz altas considerações e busca negócios dignos de seu poder.

Ele convoca os sábios de seu reino, consulta-os com liberdade e ouve as opiniões de todos.

Ele cuida de seu povo com discernimento; descobre as habilidades dos homens e os emprega de acordo com seus méritos.

Seus juízes são justos, seus ministros são sábios, e o seu preferido não o engana.

Ele sorri para as artes e elas florescem; as ciências progridem sob a cultura em suas mãos.

Ele se deleita com os letrados e os talentosos; incita em seus corações a competição, e a glória de seu reino é exaltada pelas obras que executam.

O espírito do mercador que amplia seu comércio, a habilidade do fazendeiro que enriquece suas terras, a engenhosidade do artista, os progressos do erudito – tudo isso são coisas que honra com seu apoio ou recompensa com sua bondade.

Ele planeja novas colônias, constrói barcos potentes, alarga rios para melhor proveito, constrói portos para segurança; seu povo prospera na riqueza e seu reino se fortalece.

Ele elabora seus estatutos com equidade e sabedoria; seus súditos colhem os frutos de seu labor em segurança; e, cumprindo a lei, eles são felizes.

Ele fundamenta seus julgamentos nos princípios da misericórdia; porém, quando da punição de criminosos, é rígido e imparcial.

Seus ouvidos estão abertos às queixas dos súditos; ele cerceia a mão de opressores, de cuja tirania libertou os súditos.

Dessa forma, eles veem-no como a um pai, com reverência e amor: consideram-no o guardião de tudo aquilo que lhes agrada.

A afeição dos súditos por ele gera em seu peito um amor ao público; garantir a felicidade de todos é o objeto de suas preocupações.

De seus corações não brotam queixumes; as maquinações de seus inimigos não colocam o Estado em perigo.

Os súditos são fiéis e firmes em sua causa; eles postam-se em sua defesa como uma muralha de bronze; o exército do inimigo desaparece diante deles como palha ao vento.

Segurança e paz abençoam as moradas de seu povo; e a glória e a força protegem seu trono para sempre.

Livro VI
Os deveres sociais

Capítulo I – Benevolência

Oh, filho da humanidade! Quando refletires sobre teus desejos, quando observares tuas imperfeições, considera a bondade daquele que te honrou com a razão, te dotou com a fala e te colocou na sociedade para receber e conceder assistência e obrigações mútuas.

Teu alimento, teu vestuário, tua habitação apropriada, tua proteção contra malefícios, teu desfrute dos confortos e prazeres da vida: tudo isso deves à assistência dos outros e só poderias usufruir no seio da comunidade.

Se esse é teu dever, então, sê amigo da humanidade, assim como é de teu interesse que o homem seja teu amigo.

Assim como a rosa exala doçura de sua própria natureza, da mesma forma o coração do homem benevolente produz boas obras.

Ele desfruta do conforto e da tranquilidade que habitam seu próprio peito e se regozija com a alegria e a prosperidade de seu vizinho.

Ele não dá ouvidos à calúnia; as faltas e falhas dos homens entristecem seu coração.

Seu desejo é o bem e ele procura ocasiões para fazê-lo; ao remover as opressões do outro, alivia as suas.

Na grandeza de sua mente, ele inclui em seus desejos a felicidade de todos os homens; e com a generosidade de seu coração, ele se empenha em promovê-la.

Capítulo II – Justiça

A paz da comunidade depende da Justiça; a felicidade dos indivíduos depende da fruição segura que eles têm de todos os seus bens.

Portanto, mantém os desejos de teu coração dentro dos limites da moderação; deixa a mão da Justiça conduzi-los corretamente.

Não lances um mau olhar nos bens de teu vizinho; deixa-os longe de teu toque, sejam eles quais forem.

Não deixes a tentação te seduzir, nem qualquer provocação te estimular para que levantes tua mão e coloques a vida dele em risco.

Não difames seu caráter; não levantes falso testemunho contra ele.

Não alicies o servo dele com o intuito de enganá-lo ou abandoná-lo; e quanto à esposa que ele tanto ama, jamais – jamais! – te sintas tentado a pecar!

Será um tormento para ele e não conseguirás aliviá-lo dessa dor; um dano à sua vida que reparação alguma poderá expiar.

Ao lidar com homens, sê imparcial e justo; e faz por eles o que gostarias que eles fizessem por ti.

Sê fiel à tua fé e não enganes o homem que confia em ti; tem como certo que, aos olhos de Deus, é menos pior roubar que trair.

Não oprimas os desfavorecidos e não espolies o trabalhador.

Quando venderes visando lucro, ouve a voz da consciência e contenta-te com moderação. Não te aproveites da ignorância do comprador.

Paga tuas dívidas, pois aquele que te deu crédito acreditou na tua honra; e não lhe devolver o que lhe é devido é avareza e injustiça.

Finalmente, oh, filho da comunidade! examina teu coração, convoca a memória em teu auxílio; e se achares que transgrediste quaisquer dessas coisas, toma o infortúnio e a vergonha para ti e, com teu maior empenho, providencia imediatamente a reparação.

Capítulo III – Compaixão

Feliz é o homem que semeou em seu peito a semente da benevolência; o resultado será compaixão e amor.

Rios de bondade nascerão da fonte de seu coração; e os riachos transbordarão para benefício da humanidade.

Ele assiste os desvalidos em suas dificuldades, regozija-se em promover a prosperidade de todos os homens.

Ele não censura o vizinho; não acredita em histórias de inveja e maldade, nem repete suas difamações.

Ele perdoa as ofensas dos homens; apaga-as da memória; vingança e malícia não têm lugar em seu coração.

Ele não devolve o mal com o mal; nem mesmo odeia seus inimigos: retribui a injustiça com conselhos benévolos.

Sua compaixão é estimulada pelas aflições e ansiedades dos homens; ele se esforça para aliviar o peso de suas desgraças, e o prazer do sucesso recompensa seu trabalho.

Ele acalma a fúria, sana as desavenças dos homens impetuosos e impede os males da discórdia e da animosidade.

Ele promove a paz e a boa vontade em sua vizinhança e seu nome é repetido com encômios e bênçãos.

Capítulo IV – Gratidão

Assim como os galhos de uma árvore devolvem sua seiva à raiz de onde ela se originou; assim como um rio despeja suas águas no mar, de onde seu manancial foi suprido, da mesma forma o coração do homem agradecido se deleita em devolver um benefício recebido.

Ele reconhece sua obrigação para com a alegria, vê seu benfeitor com apreço e estima.

E se não tem como retribuir o que recebeu, ele guarda isso com magnanimidade no coração; não se esquece disso todos os dias de sua vida.

A mão do homem generoso é como as nuvens do céu, que derramam sobre a terra frutos, plantas e flores; mas o coração do ingrato é como um deserto de areia, que engole com avidez as chuvas que caem, enterra-as em seu interior e nada produz.

Não invejes teu benfeitor, nem lutes para ocultar o benefício que a ti ele conferiu, pois embora fazer um favor seja melhor que receber um favor, embora o ato da generosidade incite admiração; ainda assim a humildade da gratidão toca o coração e é cativante aos olhos de Deus e do homem.

No entanto, não aceites favor das mãos dos orgulhosos; não devas obrigação alguma aos egoístas e aos avaros: a vaidade do orgulho te exporá à vergonha, a voracidade da avareza jamais será satisfeita.

Capítulo V – Sinceridade

Oh, tu que estás enamorado das belezas da verdade e fixaste teu coração na simplicidade de seus encantos! Garante com firmeza tua lealdade a ela e não a abandones; a constância da tua virtude coroar-te-á com honra.

A língua daquele que é sincero está enraizada em seu coração; hipocrisia e falsidade não encontram lugar em seu discurso.

Ele se ruboriza e se sente perplexo diante da falsidade; entretanto, tem um olhar firme ao falar a verdade.

Como um verdadeiro homem, ele defende a dignidade de seu caráter; despreza quem se rebaixa às artimanhas da hipocrisia.

É consistente consigo mesmo; nada há que possa intimidá-lo; tem coragem o bastante para defender a verdade, mas tem receio de mentir.

Ele está muito acima da mesquinhez da dissimulação; expressa em palavras os pensamentos de seu coração.

Todavia, ele abre os lábios com prudência e cautela; analisa o que é certo e fala com discrição.

Aconselha como amigo; reprova com liberdade; e aquilo que promete certamente cumprirá.

No entanto, o coração do hipócrita esconde-se no peito; ele mascara suas palavras à semelhança da verdade, enquanto a ocupação de sua vida é apenas a de enganar.

Ele ri na tristeza, chora na alegria; e as palavras que profere não têm tradução.

Como uma toupeira, ele trabalha no escuro e imagina que está em segurança; entretanto, debate-se diante da claridade e se expõe diante de todos com sua cabeça sórdida.

Ele passa os dias em perpétua coação; sua língua e seu coração estão em eterna discordância.

Ele trabalha para formar o caráter de um homem justo, mas agarra-se a pensamentos de astúcia.

Oh, tolo! Tolo! As dores que sofres para esconder o que és são mais que gostarias que parecessem; os filhos da sabedoria zombarão de tua astúcia, quando, ao te sentires seguro, teu disfarce for arrancado; e o dedo do escárnio apontará o desprezo por ti.

Livro VII
Religião

Existe apenas um Deus, o Autor, o Criador, o Governante do mundo; o Todo-Poderoso, o Eterno e o Indecifrável.

O sol não é Deus, apesar de sua nobre imagem. Ele ilumina o mundo com seu brilho; seu calor dá vida aos produtos da terra: admira-o como a uma criatura que é instrumento de Deus; porém não o idolatres.

Somente àquele que é supremo, mais sábio e benfeitor cabe a reverência, o dar graças e o louvor.

Àquele que expandiu os céus com as mãos, que descreveu com o dedo o curso das estrelas.

Que traça os limites do oceano, que não podem ser ultrapassados; e que diz aos ventos tempestuosos: – Acalmem-se.

Àquele que abala a terra e as nações tremem; que arremessa seus raios e os maus esmorecem.

Que, com sua palavra, faz surgir mundos; que castiga com o braço e eles se afundam no vazio.

"Oh! Louva a majestade do onipotente; e não provoques sua cólera, para que não sejas destruído."

A providência de Deus envolve todas as suas obras; ele governa e dirige com sabedoria infinita.

Ele instituiu leis para o governo do mundo; diversificou-as admiravelmente de acordo com todos os seres; e cada um, conforme sua natureza, acomodou-se à vontade dele.

Nas profundezas de sua mente ele pondera todo conhecimento; os segredos do futuro revelam-se a ele.

A seus olhos, os pensamentos do coração estão expostos; ele conhece tuas decisões antes de elas serem tomadas. Com respeito a sua presciência, não há nada contingente; com respeito a sua providência, não há nada acidental.

Ele é magnífico de todas as maneiras; seus desígnios são inescrutáveis; seu conhecimento transcende tua concepção.

"Portanto, honra e venera sua sabedoria; e curva-te em obediência humilde e submissa à sua direção suprema."

O Senhor é misericordioso e benevolente; Ele criou o mundo com misericórdia e amor.

Sua bondade é patente em todas as suas obras; Ele é a fonte da excelência, o centro da perfeição.

As criaturas que fez revelam sua bondade, e todo prazer de que desfrutam revelam louvor a ele; ele veste-os com beleza; sustenta-os com alimento; preserva-os com prazer, de geração em geração.

Se erguermos os olhos aos céus, veremos o brilho de sua glória; se lançarmos os olhos à terra, veremos que ela está repleta de sua bondade: colinas e vales alegram-se e cantam; campos, rios e bosques ecoam louvores a ele.

Mas a ti, oh, homem! A ti ele dispensou um favor especial: exaltou tua condição acima de todas as outras criaturas.

Ele te dotou de razão para manteres teu domínio; ele te concedeu uma língua, a ser aprimorada pela comunidade; e elevou tua mente com poderes de meditação para contemplares e adorares sua perfeição inimitável.

E nas leis que ordenou como normas de tua vida, ele generosamente adequou teu dever à tua natureza, para que a obediência a seus preceitos seja fonte de felicidade para ti.

"Oh! Louva a bondade dele com canções de agradecimento e medita em silêncio sobre as maravilhas de seu amor: deixa que teu coração transborde de gratidão e reconhecimento; deixa que a palavra que sai de teus lábios seja de louvor e adoração; que as ações que praticas mostrem teu amor às suas leis."

O Senhor é justo e honesto e irá julgar a Terra com equidade e verdade.

Ele fundou suas leis na bondade e na misericórdia; não punirá ele os seus transgressores?

Oh, homem audacioso, não penses que, porque a punição demora, o braço do Senhor é fraco; nem te lisonjeies com a esperança de que ele não viu tuas ações.

Seus olhos penetram nos segredos de cada coração e ele os guarda na memória para sempre; ele não considera nem a pessoa nem as classes de homens.

Os altivos e os humildes, os ricos e os pobres, os sábios e os ignorantes, quando a alma tiver se libertado dos incômodos grilhões desta vida mortal, receberão igualmente da sentença divina uma retribuição justa e eterna, de acordo com as obras que realizaram.

Então os maus estremecerão de pavor; mas o coração do justo rejubilar-se-á com o julgamento do Senhor.

"Oh! Portanto, teme o Senhor todos os dias de tua vida e caminha pelas veredas que ele abriu a tua frente; deixa que a prudência te aconselhe, deixa que a moderação te refreie; que a justiça te guie pela mão; que a benevolência aqueça teu coração e que a gratidão aos céus te inspire com fervor. Elas dar-te-ão alegria no presente e te conduzirão às mansões da felicidade eterna no paraíso de Deus."

ESTAS SÃO AS VERDADEIRAS
REGRAS PARA BEM VIVER.

Segunda parte

Ao digno e honrado Conde de *****

Pequim, 20 de janeiro, 1749-50.

Senhor,

Nem bem um mês após ter encaminhado a Vossa Senhoria a tradução que tentei fazer do Programa Oriental de Moralidade, tão famoso nestas plagas, fomos agradavelmente surpreendidos com um manuscrito de mesma dimensão, cuja antiguidade, caracteres e outras marcas internas comprovaram que pertencia à lavra do mesmo autor; ao mesmo tempo que o texto nos mostrou algo que faltava ao anteriormente considerado como um programa completo, supriu a lacuna de uma maneira muito feliz.

Depois que nele mergulhei, não pude aquietar-me enquanto não empreendesse a agradável tarefa de traduzi-lo, e nem, após terminar a tradução, deixar de me conceder a honra de remetê-la a Vossa Senhoria. Não preciso dizer a Vossa Senhoria que a energia do pensamento, a sublimidade do estilo e muitas outras particularidades provam que a obra provém da mão divina que planejou a outra. A substância lá contida traz mais provas abundantes disso.

Se não me lisonjeei ao pensar que a primeira parte teve a honra da aprovação de Vossa Senhoria, eu não deveria estar tão determinado em despachar a segunda logo em seguida. Porém, embora saiba do valor da obra e conheça a perspicácia incomum de Vossa Senhoria, seria ridículo alimentar qualquer dúvida sobre isso.

Mui respeitosamente
Seu, & c.

Livro I
Considerações sobre o homem em geral

Capítulo I – Do corpo humano e de sua estrutura

Oh, homem! Embora sejas fraco e ignorante, humilde como deves ser – filho do pó! – elevarias teus pensamentos à sabedoria infinita? Verias a Onipotência exposta a tua frente? Contempla teu próprio corpo.

Foste criado de forma temerosa e admirável; louva, portanto, teu Criador com respeito e regozija-te ante ele, reverenciando-o.

Por que entre todas as criaturas és a única ereta senão para contemplar suas obras? Por que deves contemplá-las, senão para que possas admirá-las? Por que admirá-las senão para que possas adorar aquele que as criou e a ti também?

Por que razão somente em ti repousa uma consciência? E de onde ela provém?

O pensamento não está na carne; o raciocínio não está nos ossos. O leão não sabe que os vermes o comerão; o touro não percebe que é alimentado para ser abatido.

Algo diverso daquilo que vês é acrescentado a ti; algo muito além de tudo o que percebes com teus sentidos dá forma ao barro de que és feito. Atenta para isso! O que é? Teu corpo permanece perfeito depois de partir; logo, ele não é parte desse algo invisível, que é imaterial e, portanto, eterno; está livre para agir e, assim, responder por seus atos.

Tem o asno conhecimento dos usos do alimento porque seus dentes dizimam a pastagem? Ou pode o crocodilo ficar ereto, embora sua espinha dorsal seja tão reta quanto a tua?

Deus te criou assim como criou esses outros; foste criado após eles, superioridade e comando sobre todos te foram conferidos, e de seu próprio sopro a ti ele transmitiu o princípio do conhecimento.

Toma ciência, então, do orgulho que ele tem de sua criação, do elo que une divindade e matéria! Vê em ti mesmo uma parte do próprio Deus! Lembra-te de tua própria dignidade; não ouses descair no mal ou na indignidade

Quem plantou o terror na cauda da serpente? Quem cobriu o pescoço do cavalo com alarido? Aquele mesmo que te ensinou a esmagar o que está sob teus pés e a domesticar o outro para servir aos teus propósitos.

Capítulo II – Do uso dos sentidos

Não te gabes de teu corpo porque ele foi formado primeiro; nem de teu cérebro porque é lá que tua alma reside. Não é o senhor da casa mais honrado que suas paredes?

A terra deve ser preparada antes do plantio do milho; o oleiro deve construir sua fornalha antes de fabricar sua porcelana.

Assim como o sopro dos céus fala às águas mais profundas; dessa maneira – e não de qualquer outra – teus vagalhões movimentar-se-ão com força; eles se levantarão, furiosos. Oh, homem! Deixa, então, teu espírito agir e comandar tua carne; deixa que ele reprima sua violência.

Tua alma reina sobre tua estrutura; não permitas que seus súditos se rebelem contra ela.

Teu corpo é como o globo terrestre; teus ossos são os pilares que o sustentam na base.

Assim como o oceano dá origem a nascentes, cujas águas retornam ao seu seio através dos rios – do mesmo modo corre tua vida do coração para o mundo exterior e da mesma forma retorna para seu lugar de origem.

Não retêm ambos o seu curso para sempre? Atenta para isso! Foi o mesmo Deus que os projetou.

Não é teu nariz o caminho para perfumes? Não é tua boca o caminho para iguarias? Todavia, sabes que perfumes aspirados por muito tempo tornam-se danosos e que iguarias destroem o apetite que agradam.

Não são teus olhos sentinelas que velam por ti? No entanto, quantas vezes eles são incapazes de distinguir a verdade do erro!

Mantém tua alma na moderação; ensina teus humores a ficarem atentos ao bem; assim, esses assistentes serão sempre veículos da verdade para ti.

Não é tua mão um milagre? Existe na criação algo como ela? Por que outra razão ela te foi dada senão para que pudesses estendê-la e assistir teu irmão?

Por que, entre todas as coisas vivas, és o único capaz de corar de vergonha? O mundo perceberá a vergonha em tua face; então, nada faças de que te envergonhes.

Temor e desânimo: por que eles roubam as cores de teu semblante esplendoroso? Evita a culpa e não saberás que o medo é inferior a ti; que o desânimo é indigno do homem.

Por que motivo, quando estás só, a ti falam sombras em teus sonhos? Respeita-as, pois os sonhos vêm do alto.

Sozinho, não consegues falar, homem. Enche-te de admiração perante essa prerrogativa gloriosa; e retribui àquele que te fez um elogio racional e bem-vindo, ensinando sabedoria a teus filhos, orientando teus descendentes com piedade.

Capítulo III – Da alma humana, de sua origem e suas afeições

Oh, homem! As bênçãos de tua parte externa estão na saúde, no vigor e na proporção. A maior delas é a saúde. A saúde está para o corpo como a honestidade está para a alma.

Que tens uma alma é o mais certo de tudo o que se sabe; de todas as verdades é a mais evidente. Sê manso, sê agradecido por isso. Não busques conhecê-la completamente. Ela é inescrutável.

Pensamento, entendimento, raciocínio, disposição: não os chames de alma. Eles são suas ações, mas não sua essência.

Não a eleves tão alto para não seres desprezado. Não sejas igual àqueles que caem ao subir, nem te rebaixes ao nível dos brutos; também não sejas como o cavalo e a mula, que não têm qualquer discernimento.

Busca-a por suas faculdades, conhece-a por suas virtudes. Elas existem em maior número que os fios de cabelos de tua cabeça; não se pode contar as estrelas do céu com elas.

Não penses como na Arábia, em que uma alma é repartida entre todos os homens; nem acredites como fazem os filhos do Egito, que pensam que cada homem tem muitas; reconhece que, como teu coração, tua alma também é única.

O sol não endurece a argila? Ele também não amolece a cera? Da mesma maneira como um único sol opera em ambos os casos, assim também uma única alma inclina-se a contrários.

Assim como a lua mantém sua natureza, embora a escuridão se estenda diante de sua face como uma cortina, da mesma forma a alma permanece segura até mesmo no peito do tolo.

Ela é imortal; é imutável; é a mesma em tudo. A saúde a faz mostrar sua graça e o uso unge-a com o óleo da sabedoria.

Embora ela vá viver para além de ti, não penses que ela nasceu antes de ti. Ela foi criada com tua carne e formada com teu cérebro.

A justiça não poderia dá-la a ti dignificada por virtudes, nem a misericórdia poderia enviá-la a ti, deformada por vícios. Esses devem ser teus e deves responder por eles.

Não penses que a morte pode te proteger de investigação; não penses que a corrupção pode te resguardar de inquirição. Aquele que te criou, não sabes do que, não pode ele erguer-te de onde também não sabes?

Não percebe o galo que é meia-noite? Não canta ele mais alto para te comunicar que é de manhã? Não conhece o cão os passos de seu dono? Não corre o bode ferido para a erva curativa? Todavia, quando esses morrem, seus espíritos retornam ao pó; o teu é o único que sobrevive.

Não invejes esses por causa de seus instintos, por estes serem mais rápidos que os teus. Aprende que há vantagem não em possuir coisas boas, mas em saber como utilizá-las.

Tivesses os ouvidos do veado, ou fossem teus olhos tão fortes e penetrantes quanto os da águia, tivesses o olfato de um cão ou pudesse o macaco doar-te seu paladar, ou a tartaruga os seus sentimentos: ainda assim, sem razão, em que eles te beneficiariam? Não perecem todos eles assim como seus semelhantes?

Tem algum deles o dom da fala? Pode qualquer um te dizer: "Portanto, assim o fiz!"?

Os lábios do sábio são como as portas de um armário; mal elas se abrem e os tesouros se espalham à sua frente.

Como árvores de ouro dispostas em canteiros de prata, sábias sentenças são proferidas no tempo certo.

Podes pensar em tua alma de forma grandiosa? Ou pode muito ser dito em louvor dela? Ela é a imagem daquele que a concedeu.

Lembra-te para sempre da dignidade dela; não te esqueças do quão grande é a dádiva que a ti foi confiada.

Tudo o que pode fazer bem pode também fazer mal. Cuida para que orientes o seu curso para a virtude.

Não penses que podes soltá-la no meio da multidão; não penses que podes encerrá-la no armário. O deleite de tua alma é a ação e ela não se deixará deter.

Seu movimento é perpétuo; suas tentativas são universais; sua agilidade não será suprimida.

Está ela na região mais distante da terra? Ela a terá; está ela além da morada das estrelas? Ainda assim, seus olhos a descobrirão.

Seu prazer é indagar. Assim como alguém que atravessa as areias escaldantes em busca de água, da mesma maneira é a alma ávida de conhecimento.

Protege-a, pois ela é impetuosa; contém-na, porque ela é inconstante; corrige-a, pois ela é abusiva; é mais moldável que água, mais flexível que cera, mais complacente que ar. Existe então alguma coisa que consiga aprisioná-la?

Como uma espada na mão de um insano, assim é a alma daquele que busca ponderação.

A finalidade de sua busca é a verdade; seus meios para descobri-la são a razão e a experiência.

Mas não são estas fracas incertas e falaciosas? Como, então, ela conseguirá alcançar a verdade?

A opinião geral não é prova da verdade, pois, em sua maioria, os homens são ignorantes.

Perceber-te a ti mesmo, conhecer aquele que te criou, ter o sentido do louvor que deves a ele – não está tudo isso absolutamente claro diante de ti? Atenta para isso: o que mais existe que o homem precisa saber?

Capítulo IV – Do tempo e do uso da vida humana

Assim como o grande olho da manhã está para a cotovia, assim como a sombra da noite está para a coruja, assim como o mel para a abelha ou a carcaça para o abutre – da mesma maneira está a vida para o coração do homem.

Embora radiante, não ofusca; embora obscura, não desagrada; embora doce não provoca náusea, embora corrupta, não proíbe; entretanto, quem é que conhece seu verdadeiro valor?

Aprende a apreciar a vida como ela deve ser apreciada; dessa maneira, estarás próximo do ápice da sabedoria.

Não penses como o tolo, para quem nada é mais valioso; nem acredites com o pretenso sábio que deves desprezá-la. Ama-a não por si só, mas pelo bem que ela pode significar para os outros.

O ouro não pode comprá-la para ti, nem podem as minas de diamante comprar de volta o momento em que a perdeste.

Emprega teus momentos seguintes na virtude.

Não digas que seria melhor não ter nascido; ou que, nascido, seria melhor morrer cedo; também não ouses perguntar a teu Criador: "Onde estaria o mal se eu não existisse? Deus está em tua energia; a falta do bem é o mal; e se tua pergunta é justa, ah, ela te condena!

Iria o peixe abocanhar a isca se soubesse que o anzol estava nela escondido? Iria o leão cair na armadilha se visse que ela foi preparada para ele? Assim, se a alma perecesse com esse barro, nem o homem haveria de querer viver, nem um Deus misericordioso o teria criado; toma ciência, então, que viverá depois.

Assim como o pássaro aprisionado na gaiola antes mesmo de percebê-lo, não despedaça sua carne no choque contra as grades, da mesma forma não lutarás em vão para escapar do estado em que te encontras. Mas repara que isso foi atribuído a ti; aceita de bom grado.

Embora os caminhos da vida sejam irregulares, nem todos são dolorosos. Ajusta-te a todos eles; e onde o mal menos aparece, suspeita que lá está o maior perigo.

Quando tua cama for de palha, dormirás em segurança; contudo, quando te espreguiçares sobre rosas, cuidado com os espinhos.

Uma boa morte é melhor do que uma vida ruim; por conseguinte, luta para viver tanto quanto deves, não quanto podes; enquanto tua vida for para os outros mais valiosa do que tua morte, é teu dever preservá-la.

Não reclames com o tolo de teu tempo escasso; lembra-te que, com teus dias, teus cuidados diminuem.

Elimina da tua vida as partes inúteis, e o que sobra? Subtrai o tempo da tua infância, tua segunda infância, teu sono, tuas horas impensadas, teus dias de indisposição; e mesmo na plenitude dos anos, quão poucas fases numeraste verdadeiramente?

Aquele que te deu a vida como uma benesse fê-la reduzida para torná-la mais dadivosa. A que propósito te serviria uma vida mais longa? Desejarias ter a oportunidade de se permitir mais vícios? Quanto ao bem, não ficaria aquele que limitou teu período de vida satisfeito com os frutos dela?

Oh, filho da dor! Com que finalidade gostarias de viver por mais tempo? Para respirar, comer, ver o mundo? Tudo isso já fizeste muitas vezes. Repetição em excesso não é cansativa? Não é supérflua?

Desejarias avançar em tua sabedoria e tua virtude? Ah! O que deves saber? Ou quem irá te ensinar? Empregas mal o pouco que tens. Portanto, não ouses reclamar que não recebes mais.

Não te lamentes da falta de conhecimento; ela deve perecer contigo. Sê honesto agora; assim serás sábio mais adiante.

Não perguntes ao corvo: "Por que numeraste sete vezes a idade de teu senhor?". Ou à corça: "Por que teus olhos veem teus descendentes até cem gerações?". Poderiam esses ser comparados a ti em relação aos excessos cometidos na vida? São eles turbulentos? São eles cruéis? São eles ingratos? Pelo contrário, aprende com eles que a inocência da vida e a simplicidade das maneiras são o caminho para uma velhice agradável.

Sabes dedicar-te à vida melhor que eles? Então menos dela pode te bastar.

Homem, o que ousa escravizar o mundo quando sabe que pode desfrutar de sua tirania por apenas um momento, – o que é que ele não desejaria alcançar se fosse imortal?

Tens o bastante da vida, porém não estás satisfeito; queres mais, oh, homem! Mas és pródigo; tu a atiras um pouco além como se tivesses mais que o suficiente; e mesmo assim, te queixas de que ela não se une a ti novamente.

Saibas que não é a abundância que faz um homem rico; é a economia.

O sábio continua a viver do que tinha no início; o tolo está sempre começando.

Não busques primeiro a riqueza em teu trabalho; pensa que desfrutarás dela depois. Aquele que negligencia o momento presente joga fora tudo o que tem. Da mesma maneira como a flecha transfixa o coração, enquanto o guerreiro ignora que ela está a caminho, assim sua vida ser-lhe-á tirada antes de ele saber que a tem.

Qual, então, é a vida que o homem deseja? Qual é a vida que ele tanto cobiça?

Não é ela uma cena ilusória, uma sucessão de desventuras, uma busca de males conectados entre si? No princípio, é a ignorância, no período intermediário é a dor, e, no final, é o sofrimento. Como uma onda empurrando outra, até que ambas sejam envolvidas naquela que vem atrás, da mesma forma o mal sucede ao mal na vida humana. A maior e atual engole a menor que já passou. Nossos terrores são males reais, nossas expectativas anseiam por improbabilidades.

Tolos, que se apavoram como mortais e anseiam como imortais!

Que parte da vida gostaríamos de preservar? Seria a juventude? Podemos amar escandalosa, licenciosa e temerosamente? Seria o passar dos anos? Então, gostamos de mazelas.

Dizem que cabelos brancos são venerados e que significam honra na idade avançada. A virtude pode acrescentar a reverência ao florescer da juventude; e, sem ela, a velhice planta mais rugas na alma que na testa.

Seria a idade respeitada porque ela abomina? Turbulências? Que justiça existe nisso, quando não é a idade que despreza o prazer, mas o prazer que despreza a idade?

Sê virtuoso enquanto és jovem; assim, tua velhice será honrada.

Livro II
O homem considerado quanto a suas fraquezas e às consequências delas advindas

Capítulo I – Vaidade

A inconstância tem poder no coração do homem; a intemperança inclina-a para onde desejar; o desespero absorve muito dela; e o medo anuncia. "Cuidado! Estou sentado aí e não tenho rivais"; mas a vaidade está além de todos eles.

Logo, não chores ante as calamidades da condição humana; pelo contrário, ri de seus desatinos. Nas mãos de um homem obcecado pela vaidade a vida nada mais é que a sombra de um sonho.

O que é o herói, a mais renomada das personagens humanas, senão uma bolha dessa fraqueza? O povo é instável e ingrato; por que, então, deveria o homem sábio colocar-se em perigo por causa de tolos?

O homem que negligencia deveres presentes para pensar em como se comportará quando for mais importante, alimenta-se de vento, e deixa que outro coma seu pão.

Age da maneira apropriada à tua condição presente para não sentires vergonha em situações mais intensas.

O que mais cega os olhos, ou o que mais esconde o coração de um homem de si próprio, senão a vaidade? Ah, quando não enxergares mais a ti mesmo, então será exatamente nesse momento que os outros te descobrirão com a maior clareza.

Assim como a tulipa é exuberante mesmo sem perfume; conspícua, mesmo sem uso; assim também é o homem que se estabelece nas alturas, mas não tem mérito.

O coração do vaidoso perturba-se enquanto parece contente; suas preocupações são maiores que seus prazeres.

Sua ansiedade não encontra repouso em seu corpo; a sepultura não é profunda o bastante para escondê-la; o homem fútil estende seus pensamentos para além do seu ser; encomenda louvores a serem prestados a ele, quando morrer, mas aquele que isso lhe promete, engana-o.

Assim como o homem que obriga a esposa a permanecer viúva quando ele se for, para que ela não lhe perturbe a alma, da mesma forma é aquele que espera que encômios alcancem seus ouvidos debaixo da terra; ou que acalente seu coração na mortalha.

Procede apropriadamente enquanto viveres; mas não consideres o que dizem a esse respeito. Contenta-te em merecer louvor e tua prosperidade regozijar-se-á em ouvi-lo.

Assim como a borboleta que não vê as próprias cores, ou como o jasmim que não sente o perfume que exala a seu redor – assim é o homem que parece feliz e pede aos outros que percebam isso.

"Para que são minhas vestes de ouro", diz ele; "para que tenho minhas mesas cheias de iguarias deliciosas se nenhum olho as vê, se o mundo não sabe delas?". Dá tuas vestes aos que estão nus e tua comida aos que têm fome e serás louvado e te sentirás merecedor disso.

Por que bajulas todo homem com palavras que nada significam? Bem sabes que, quando elas voltam para ti, tu as ignoras. Ele sabe que mente para ti; ainda assim, ele sabe que irás agradecê-lo por isso. Fala com sinceridade e aprenderás com o que ouves.

O vaidoso deleita-se em falar sobre si mesmo; mas não percebe que os outros não gostam de ouvi-lo.

Se ele faz algo que merece elogio, se possui aquilo que merece admiração, sua alegria é proclamar isso aos quatro cantos, seu orgulho é saber que sua história é narrada.

O desejo de tal homem derrota-se a si mesmo. Os homens não dizem: "Veja! Ele fez isso"; ou então: "Veja! Ele tem isso"; mas dizem: "Observa como ele tem orgulho disso tudo!"

O coração humano não consegue atender muitas frentes ao mesmo tempo. Aquele que coloca sua alma à mostra perde a realidade; ele persegue bolhas que estouram no ar, enquanto caminha na terra em busca de algo que possa lhe trazer honra.

Capítulo II – Inconstância

A natureza te impele para a inconstância, oh, homem! Portanto, guarda-te sempre dela.

Tu herdas do útero materno a diversidade e a indecisão; das partes íntimas de teu pai, herdas a instabilidade; como podes, então, ser firme?

Aqueles que te deram um corpo supriram-no com a fraqueza; mas aquele que te deu uma alma dotou-a de resolução; utiliza-a e serás sábio; sê sábio e serás feliz.

Deixa aquele que procede de maneira correta atentar para a maneira que ele se gaba disso, pois raramente é de sua própria vontade.

Não é isso o resultado de um impulso vindo de fora, nascido da incerteza, imposto pelo acaso, dependente de algo mais? A esses, então, e ao acaso, deve-se a louvação.

Guarda-te contra a indecisão quando de tuas ações; guarda-te contra a instabilidade na execução delas; dessa maneira, triunfarás sobre duas grandes imperfeições da tua natureza.

O que reprova mais a razão que operar antagonismos? O que pode reprimir a propensão a eles senão uma mente forte?

O inconstante sente que muda, mas não sabe por quê; ele percebe que escapa de si próprio, mas não percebe como. Assegura-te de não mudares naquilo que fazes certo, e os homens confiarão em ti.

Estabelece teus próprios princípios de conduta e assegura-te de que agirás sempre de acordo com eles.

Em primeiro lugar, certifica-te de que teus princípios são justos e, então, sê inflexível ao segui-los.

Assim, tuas paixões não te governarão; tua constância assegurar-te-á o bem que possuis e levará a desgraça para longe de tua porta; a ansiedade e o desencanto serão estranhos a teu portão.

Não suspeites de maldade em ninguém até que a vejas; quando a vires, não te esqueças dela.

Aquele que foi inimigo não pode ser amigo, porque o homem não repara seus erros.

Como podem ser corretas as ações daquele que não dirige a própria vida? Nada que não proceda da razão pode ser justo.

O homem inconstante não tem paz de espírito; também não têm paz aqueles que a ele estão ligados.

Sua vida é desigual; seus movimentos são irregulares; sua alma muda com o tempo.

Hoje ele te ama, amanhã ele te detesta: e por quê? Ele próprio desconhece o motivo por que amou ou por que agora odeia.

Hoje ele é o tirano, amanhã teu servo é menos humilde do que ele: e por quê? Aquele que é arrogante sem poder será servil onde não existe submissão.

Hoje ele é pródigo, amanhã ele colocará de má vontade na boca aquilo que ela deve comer. Assim é com aquele que não conhece a moderação.

Quem dirá que o camaleão é preto, quando no momento seguinte o verde da relva se espalha nele?

Quem dirá que o inconstante é alegre, quando seu próximo fôlego será um suspiro?

O que é a vida de tal homem senão ilusão de um sonho? De manhã, feliz, ele se levanta; à noite, ele está sofrendo; agora ele é deus; no momento seguinte está abaixo de um verme; em um momento ele ri, logo em seguida, chora; agora ele quer, daqui a um instante, não quer mais e, em seguida, não sabe mais se quer ou não.

Ainda assim, nem tranquilidade, nem dor se apoderaram dele; ele não se tornou maior, nem ficou menor; não tem motivo para riso, nem razão para tristeza; portanto, nenhum desses sentimentos se abrigará nele.

A felicidade do inconstante é como um palácio construído na superfície da areia; o vento destrói sua base; é surpresa, então, se ele vem abaixo? Todavia, que forma aclamada é essa cujos pés estão na terra e cuja cabeça está nas nuvens, que até agora dirige seu curso regular, ininterrupto? Sobre seu semblante repousa a dignidade; de constância consiste sua atitude, e em seu coração reina a tranquilidade.

Embora surjam obstáculos no caminho, ele não se permite baixar os olhos para contemplá-los; embora os céus e a terra se oponham a sua passagem, ele prossegue.

As montanhas se afundam sob seus passos; as águas do oceano secam sob seus pés.

Em vão, o tigre atira-se em seu caminho; as manchas do leopardo brilham a sua frente, mas são ignoradas.

Ele avança entre as legiões preparadas para o combate; com as mãos, ele afasta os terrores da morte.

Tempestades rugem a suas costas, mas não conseguem fazê-lo tremer; o trovão ribomba sobre sua cabeça, mas em vão; o relâmpago presta-se apenas para mostrar as glórias de seu semblante.

Seu nome é Resolução! Ele provém do mais recôndito da terra; bem distante, à frente, vislumbra a Felicidade cujo templo seus olhos descobrem além dos limites do polo.

Ele caminha para lá, entra corajosamente e lá fica para sempre.

Oh, homem! Põe teu coração naquilo que é certo! E então, toma ciência de que o maior dos louvores humanos é ser constante.

Capítulo III – Fraqueza

Oh, filha da imperfeição! Vaidosa e inconstante como és o que podes ser, senão fraca? A inconstância não está ligada à fragilidade? Pode haver vaidade sem fraqueza? Evita o perigo de uma e escaparás das maldades da outra.

Em que és mais fraco? Naquilo em que pareces ser mais forte; naquilo de que te vanglorias; mesmo até em possuir as coisas que possuis; em usar o bem que está a teu redor.

Teus desejos também não são frágeis? Ou sabes até mesmo o que desejas? Quando obtiveres o que mais buscavas, repara bem como não ficaste satisfeito.

Por que razão o prazer que está a tua frente perde o sabor? E por que te parece que aquele que ainda está por vir é mais doce? Porque te desgastaste com o bem desse, porque não conheces o mal daquele que não ainda não está contigo. Inteira-te de uma coisa: estar contente é ser feliz.

Conseguirias escolher para ti, se teu Criador pusesse a teu alcance tudo o que teu coração pedisse? Continuarias a ser feliz? O contentamento habitaria sempre teus portões?

Ah! Tua fraqueza o proíbe; tua debilidade fala contra ele. Para ti, a diversidade está no lugar do prazer; contudo, aquilo que agrada permanentemente deve ser permanente.

Quando se vai, tu te arrependes de tê-lo perdido; embora quando estava contigo, tu o desprezaste.

O que vem depois disso não traz mais prazer para ti; e em seguida, brigas contigo mesmo por tê-lo preferido; repara na única circunstância em que não erraste!

Existe algo em que tua fraqueza aparece mais do que no desejar coisas? Ela está no possuí-las e no utilizá-las.

As coisas boas deixam de ser boas quando desfrutamos delas. O que a natureza quis dizer com doces são fontes de amargura para nós; de nossos prazeres surge a dor; de nossas alegrias surge a tristeza.

Sê moderado no desfrute e ele permanecerá em tua posse; funda tua alegria na razão, e até o fim o infortúnio será um estranho.

As delícias do amor são prenunciadas por suspiros e terminam em languidez e desânimo. O objeto pelo qual ansiaste agora te sacia até a náusea; e tão logo o possuíste, te cansaste de sua presença.

Junta estima a tua admiração, une amizade a teu amor; dessa forma encontrarás, no final, uma alegria tão absoluta que superará arrebatamentos; a tranquilidade vale mais do que o êxtase.

Deus não te concedeu o bem sem misturá-lo com o mal; porém, ele também te deu os meios de se livrar do mal existente no bem.

Assim como a felicidade não existe sem sua união com a dor, da mesma forma não há tristeza sem sua porção de prazer. Alegria e pesar, embora diferentes, estão unidos. Cabe inteiramente a nós escolhê-los.

A própria melancolia é, muitas vezes, fonte de prazer, e a alegria extrema mistura-se com lágrimas.

As melhores coisas nas mãos de um tolo podem se tornar a destruição dele; e, das coisas piores, o sábio achará os meios para o bem.

Oh, homem! Tão mesclada está a fraqueza em tua natureza que não tens força para ser bom nem inteiramente mau. Regozija-te por não conseguires exceder no mal e deixa que o bem que está a teu alcance te satisfaça.

As virtudes estão distribuídas a várias classes. Não vás atrás de impossibilidades, nem te lamente por não poderes possuir todas.

Gostarias de, ao mesmo tempo, ter a generosidade do rico e o contentamento do pobre? Ou deveria a esposa de teu coração ser desprezada porque ela não demonstrou as virtudes da viúva?

Se teu pai sucumbir diante de ti na divisão de tuas terras, pode, ao mesmo tempo, tua justiça destruí-lo e teu dever salvá-lo?

Se observares teu irmão na agonia de uma morte lenta, não é misericordioso pôr um fim à sua vida? E também não é aquele que tira essa vida seu assassino?

A verdade é apenas uma: tuas dúvidas são tua própria obra. Aquele que fez das virtudes o que elas são plantou também em ti um conhecimento da primazia delas. Age seguindo os ditames da tua alma e o resultado será sempre certo.

Capítulo IV – Da escassez de conhecimento

Se existe algo encantador, se existe algo desejável, se existe algo ao alcance do homem que mereça louvor, não é o conhecimento? Todavia, quem consegue alcançá-lo?

O estadista proclama que o tem; o governante do povo quer ser louvado porque afirma que o tem; mas o súdito acredita que ele é que o possui.

O mal não é necessário ao homem; nem o vício precisa ser tolerado; mesmo assim, quantos males são permitidos com a conivência das leis? Quantos crimes são cometidos pelos decretos do conselho?

Sê sábio, oh, governante! E aprende, oh, tu que vais comandar as nações! Um crime autorizado por ti é pior que livrar dez de punição.

Quando teu povo é numeroso, quando há mais filhos ao redor da mesa, não os despachas para matarem o inocente e caírem diante da espada daquele que eles não ofenderam?

Se o objeto de teus desejos exige a morte de mil, não dizes: "Quero para mim"? Certamente te esqueceste que aquele que te criou também os criou, e que o sangue deles é tão rico quanto o teu.

Dizes que a justiça não pode ser executada sem erro? Seguramente, tuas próprias palavras te condenam.

Tu que louvas com falsas esperanças o criminoso que pode confessar sua culpa; não és tu um criminoso para ele? Ou é tua culpa menor porque ele não pode puni-la?

Quando ordenas a tortura daquele que é apenas suspeito de dano, ousas lembrar-te que podes estar crucificando um inocente?

Tal evento satisfez teus propósitos? Tua alma está satisfeita com a confissão dele? A dor irá forçá-lo a dizer o que não é verdadeiro tão facilmente quanto o que é? E a angústia levou a inocência a se acusar a si mesma.

Porque não podes matá-lo sem motivo, fazes pior do que matá-lo; porque podes provar que ele é culpado, destróis o inocente.

Ah, olhos vendados a todas as verdades! Ah, insuficiência do saber dos sábios! Quando em teu julgamento tiveres que responder por isso, sem dúvida, desejarás que dez mil culpados tivessem sido libertados em vez de um inocente apresentar-se diante de ti.

Incompetente que és na manutenção da justiça, como chegarás ao conhecimento da verdade? Como ascenderás a seu trono?

Se queres ascender a seu trono, inclina-te primeiro a seu escabelo; se queres, de fato, conhecer a verdade, conhece primeiro tua própria ignorância.

Ela é mais valiosa que pérolas; portanto, busca-a cuidadosamente. A esmeralda e a safira e o rubi são como impurezas a seus pés; então, busca-a com determinação.

Não digas a ti mesmo "Presta atenção! A verdade gera ódio, e eu haverei de evitá-lo; a dissimulação gera amigos, e haverei de segui-la". Não são inimigos granjeados com a verdade mais que amigos obtidos com adulação?

Naturalmente, o homem deseja com toda a sua força a verdade; não obstante, quando ela está diante dele, ele não a apreende; e se ela se decidir a impor-se sobre ele, não se sentirá ele ofendido? O erro a não está na verdade, pois esta é obsequiosa; mas a fraqueza do homem não suporta o esplendor que dela emana.

Se queres ver tua incompetência mais claramente, examina tuas devoções. Para que fim instituiu-se a religião, senão com o intuito de mostrar-te tuas mazelas, de lembrar-te de tuas fraquezas, de mostrar-te que somente dos céus podes esperar o bem?

Isso não te lembra que és pó? Isso não te diz que és cinza? E que – presta atenção! – o arrependimento não se constrói na fragilidade?

Quando prestas juramento; quando juras que não enganarás, tem cuidado! Isso espalha vergonha em tua face e na face daquele a quem o prestas.

Aprende a ser justo e o arrependimento poderá ser esquecido; aprende a ser honesto e juramentos são desnecessários.

Quanto menores forem os desatinos, tanto melhor; logo, não diz para ti mesmo: "Não serei meio tolo".

Aquele que ouve seus próprios erros com paciência reprovará outro corajosamente.

Aquele que nega com razão sofrerá repúdio com comedimento.

Se suspeitam de ti, responde com tranquilidade: "A quem a suspeita amedronta senão aquele que é culpado?".

O manso de coração é afastado de seus propósitos por súplicas, o orgulhoso torna-se mais obstinado por súplica; o senso da tua incompetência obriga-te a ouvir; porém, para ser justo, precisas ouvir sem paixão.

Capítulo V – Infelicidade

Oh, homem! Assim como és fraco e pobre de bondade, fraco e inconstante também és no prazer. No entanto, existe uma coisa na qual és forte e inabalável: na INFELICIDADE.

É da inclinação de teu ser, prerrogativa da natureza: só em teu peito ela habita; sem ti, ela não existe. E – presta atenção – de onde ela provém senão de tuas próprias paixões?

Aquele que te deu essas coisas também te deu motivo para subjugá-las; e haverás de esmagá-las com teus pés.

Não é vergonhosa tua entrada no mundo? Não é gloriosa tua destruição? Ah! Os homens adornam os instrumentos da morte com ouro e gemas e os prendem a suas vestimentas.

Aquele que gera um filho esconde sua face; mas aquele que mata mil é honrado.

Tu sabes, não obstante, que o erro está aí. O costume não pode alterar a natureza da verdade; nem pode a opinião do homem destruir a justiça; a glória e a vergonha estão no lugar errado.

Há apenas uma maneira de se criar o homem; há mil maneiras de destruí-lo.

Não há louvor ou honra para aquele que dá vida a outro ser; mas triunfos e um império são recompensas de um crime.

Todavia, aquele que tem muitos filhos tem muitas bênçãos; e aquele que tirou a vida do outro não desfrutará de sua própria vida.

Enquanto o selvagem amaldiçoa o nascimento do filho e abençoa a morte do pai – ele não se chama a si mesmo de monstro?

Maldade suficiente distribui-se pela humanidade; mas o homem a faz maior quando se lamenta.

A maior de todas as desgraças humanas é a dor; nasces com excesso dela; não adiciones mais a ela com tua própria perversidade.

O sofrimento te é natural e está sempre perto de ti; o prazer é um estranho e te visita ocasionalmente; utiliza bem tua razão, e a tristeza ficará para trás; sê prudente e as visitas da alegria permanecerão contigo por longo tempo.

Todas as partes de tua estrutura são passíveis de sofrimento; mas poucos e estreitos são os caminhos que levam ao prazer.

Somente os prazeres podem ser admitidos individualmente; os pesares, entretanto, precipitam-se aos milhares de uma só vez.

Assim como a fagulha em uma palha se apaga no momento em que é acesa, da mesma forma, o brilho da alegria se desvanece e não sabes o que aconteceu com ela.

O sofrimento é frequente; o prazer é raro; a dor evolui de si mesma; o prazer precisa ser adquirido; o pesar não vem adulterado; mas a alegria não deseja sua fusão com a amargura.

Assim como a saúde mais forte é menos percebida do que a doença mais leve, da mesma maneira, a maior alegria nos toca de maneira menos profunda do que a menor tristeza.

Amamos a angústia; frequentemente fugimos do prazer; não custa ele mais do que vale quando o compramos? A reflexão é ocupação do homem; ter o senso de sua própria condição é seu primeiro dever; mas quem se lembra de si mesmo na alegria? Não é por misericórdia, então, que a dor é repartida entre nós?

O homem prevê o mal que está por vir; lembra-se dele quando é passado; não leva em conta que pensar na aflição fere mais profundamente do que a própria aflição.

Não penses na tua dor senão quando ela se abate sobre ti, e, então, evitarás o que mais poderia te ferir.

Aquele que chora antes do tempo chora mais do que o necessário; e por quê? Porque chorar é coisa que ele preza.

O veado não chora até o momento em que a lança ergue-se sobre ele; também as lágrimas do castor não caem até o momento em que o cão de caça prepara-se para agarrá-lo; o homem antecipa a morte, preocupando-se com ela; e o medo é infortúnio maior do que o próprio evento.

Fica sempre preparado para prestar conta de teus atos; e a melhor morte é aquela que é menos premeditada.

Capítulo VI – Da ponderação

As grandes riquezas conferidas ao homem são a faculdade da ponderação e o livre arbítrio; feliz aquele que os exercita corretamente.

Assim como a torrente que desce das montanhas e destrói tudo o que se encontra no caminho, da mesma maneira a opinião geral derrota a razão daquele que se submete a ela, sem replicar: "Onde é que te baseias?".

Cuida bem para que aquilo que recebes como verdade, não seja a sombra dela: o que admites como convincente é, muitas vezes, apenas plausível.

Sê firme, constante, determinado contigo mesmo; dessa forma responderás apenas por tua própria fraqueza.

Não digas que o evento prova a sabedoria da ação; lembra-te de que o homem não está a salvo de acidentes.

Não condenes o julgamento do outro porque é diferente do teu; não poderiam ambos estar errados?

Quando estimas um homem por seus títulos e desprezas o estranho porque ele os quer, não estás julgando o camelo por sua rédea?

Não penses que te vingaste de teu inimigo quando o matas; puseste-o longe de teu alcance, lançaste-o no silêncio e tiraste de ti próprio todos os meios de feri-lo.

Tua mãe descontrolou-se e sofreu quando contaste a ela? Sua esposa é frágil e estás aflito ante a reprovação de teu ato? Aquele que te despreza por esse motivo condena a si próprio. Tens que responder pelos defeitos do outro?

Não ignores uma joia porque a possuis, nem aumentes o valor de uma coisa porque é de outro. Para o sábio, a posse de algo acrescenta-se ao seu preço.

Não honres menos tua mulher porque ela está em teu poder e despreza aquele que disse: "Tu a amarias menos? Casa-te com ela!". O que a colocou em teu poder, senão a sua confiança em tua virtude? Deverias amá-la menos por ter mais obrigações para com ela? Se fosses justo quando a cortejavas; embora a negligencies enquanto a tens – mesmo assim, a perda dela será amarga para a tua alma.

Aquele que pensa que outra é melhor apenas porque a possui – se não é mais sábio que tu, pelo menos é mais feliz.

Não peses a perda que teu amigo sofreu pelas lágrimas que ele derrama: os maiores pesares estão além de nossa capacidade de expressá-los.

Não avalies uma ação porque foi feita com alarde e pompa; a alma mais nobre é aquela que faz grandes coisas e não se impressiona com elas.

A fama assusta os ouvidos de quem ouve falar dela, mas a serenidade triunfa no coração daquele que a possui.

Não atribuas as boas ações do outro a causas más. Podes não conhecer o coração daquele que as praticou; porém, o mundo saberá com isso que o teu está cheio de inveja.

Não há na hipocrisia maior fraqueza que a insensatez; ser honesto é tão fácil quanto parecer sê-lo.

Dispõe-te mais a reconhecer um benefício do que a te vingares de uma injúria; assim, receberás mais benefícios do que injúrias.

Dispõe-te mais a amar que a odiar; assim, serás amado por mais pessoas que odiado.

Dispõe-te a louvar mais do que a censurar; assim, tuas virtudes serão louvadas e o olho da inimizade ficará cego ante tuas imperfeições.

Quando fizeres o bem, faze-o porque trata-se do bem, não porque os homens estimam tal atitude; quando evitares o mal, foge dele porque trata-se do mal, não porque os homens são contra ele; sê honesto pelo bem da honestidade e estarás em conformidade com ela; aquele que o faz sem princípios mostra-se vacilante.

Prefere sempre ser admoestado pelo sábio a ser aplaudido pelo ignorante; quando aquele te aponta uma falha, supõe que podes melhorar; o outro, quando te elogia, ele se compara a ti próprio.

Não aceites qualquer ofício para o qual não estás qualificado, para que aquele que sabe mais sobre ele não te despreze.

Não ensines a ninguém aquilo que não conheces; quando ele descobrir, haverá de censurar-te.

Não esperes amizade daquele que te feriu; aquele que sofre a injustiça pode perdoar a falta; mas aquele que a comete jamais ficará bem com ele.

Não atribuas grandes obrigações àquele que queres como amigo; cuidado! Saber delas irá afastá-lo de ti. Um pequeno benefício indispõe uma amizade, um grande benefício faz um inimigo.

No entanto, a ingratidão não é da natureza do homem; nem sua ira é irreconciliável; ele odeia que lhe coloquem na mente uma dívida que ele não pode pagar; envergonha-se diante daquele que ofendeu.

Não te queixes da bondade de um estranho; nem te regozijes do mal que sobrevém ao teu inimigo: desejarias, por acaso, que outros agissem da mesma maneira para contigo?

Desejarias desfrutar da boa vontade de todos os homens? Mostra, então, que tua própria benevolência é universal. Se não a obtiveres desse modo, não há outra forma de obtê-la; e toma ciência de que, embora não a tenhas, tens o prazer maior de tê-la merecido.

Capítulo VII – Altivez

Orgulho e mesquinhez parecem incompatíveis, mas o homem reconcilia seus pontos divergentes; ele é, ao mesmo, tempo a mais desgraçada e a mais arrogante de todas as criaturas.

A altivez é a ruína da razão, é a ama do erro; todavia, ela se harmoniza com a razão que existe dentro de nós.

Quem é que não tem a si mesmo em alto conceito ou que não pensa de maneira mesquinha em relação aos outros?

Nosso próprio Criador não escapa de nossos julgamentos pretensiosos; como então nos protegeremos uns dos outros?

Qual é a origem da superstição? E de onde surge a falsa adoração? Da nossa pretensão de raciocinar sobre aquilo que está fora de nosso alcance, de querer compreender o que é incompreensível.

Limitados e frágeis como são nossos conhecimentos, não empregamos nossas pequenas forças como deveríamos; não nos elevamos alto o suficiente para nos aproximarmos da grandeza de Deus; quando se trata de cultuarmos a divindade, não damos asas o suficiente à nossa imaginação. O homem que teme emitir um sussurro contra seu soberano na terra não estremece ao denunciar os arranjos de seu Deus, de cuja majestade ele se esquece e cujos julgamentos ele delibera novamente.

Aquele que não ousa repetir o nome de seu príncipe sem honra, ainda assim, não se envergonha de chamar seu Criador para ser testemunha de uma mentira.

Aquele que ouviria a sentença do juiz em silêncio, ainda assim, ousa implorar ao Eterno; ele tenta acalmá-lo com súplicas, adulá-lo com promessas, concordar com ele sob certas condições, não afrontá-lo e rezingar se seu pedido não for concedido.

Por que não és punido – oh, homem! – em tua desumanidade; mas não é esse teu dia de desforra?

Não sejas como aqueles que lutam com o trovão; nem ouses negar tuas preces a teu Criador porque ele te castigou. Tua insensatez está em tua própria cabeça; tua desumanidade não feriu ninguém senão a ti próprio.

Por que o homem se gaba de ser o favorito de seu criador e, ainda assim, se nega a dar graças e a expressar louvores por isso? Como se ajusta tal vida a uma crença tão arrogante? O homem que, na verdade, é apenas uma partícula na vasta imensidão acredita que toda a terra e o céu foram criados para ele; ele crê que toda a estrutura da natureza tem interesse em seu bem-estar.

Assim como o tolo – enquanto as imagens tremem dentro da água – pensa que as árvores, as cidades e o vasto horizonte dançam para lhe dar prazer; da mesma forma, o homem – enquanto a natureza segue seu curso predeterminado– acredita que todos os movimentos dela existem apenas para agradar seus olhos.

Enquanto corteja os raios solares para que o aqueçam, ele supõe que o sol foi criado para seu uso apenas; enquanto segue a lua em seu percurso noturno, ele crê que ela foi criada para dar-lhe prazer.

Tolo daquele que é orgulhoso! Sê humilde; aceita o fato de que não és a razão por que o mundo mantém seu curso; as vicissitudes do verão e do inverno não foram feitas para ti.

Nenhuma mudança aconteceria se tua raça inteira não existisse; és apenas um entre milhões de outros abençoados.

Não te exaltes aos céus! Repara bem! Os anjos estão acima de ti; também não desdenhes teus companheiros habitantes da terra que estão abaixo de ti. Não são eles obra da mesma mão?

Tu que és feliz pela misericórdia de teu Criador, como ousas com tua leviandade torturar outras de suas criaturas? Cuida para que isso não volte para ti.

Não servem todas elas – como tu – ao mesmo mestre universal? Não indicou ele suas leis a cada? Não cuida ele para que elas sejam preservadas? E tu ousas infringi-las?

Não coloques teu juízo acima do juízo de toda a terra; também não condenes como falsidade o que não se coaduna com teu próprio conhecimento. Quem te deu o poder de determinar pelos outros? Ou quem suprimiu do mundo o direito de escolha?

Quantas coisas que foram rejeitadas não são hoje recebidas como verdades? Quantas, agora recebidas como verdades, serão, por sua vez, desprezadas? Então do que é que o homem pode ter certeza?

Faz o bem que sabes, e a felicidade estará contigo. Teu trabalho aqui é com a virtude, muito mais que com a sabedoria.

Verdade e falsidade – não possuem ambas a mesma aparência naquilo que não compreendemos? O que, senão nossa presunção, pode decidir entre elas?

Podemos facilmente acreditar no que está acima de nossa compreensão; ou temos orgulho em fazer crer que compreendemos. Não é isso insensatez e arrogância?

Quem é que faz afirmações mais corajosamente? Quem é que mantém sua opinião mais obstinadamente? Até mesmo aquele que é mais ignorante, pois é também o mais orgulhoso.

Todo homem, sobretudo o mais pretensioso, quando se apega a uma opinião, deseja mantê-la de todas as formas; Ele não se contenta em trair sua própria alma com ela, mas irá impô-la aos outros para que também nela acreditem.

Não digas que a verdade se estabelece com os anos, ou que há certeza em uma multidão de crédulos.

Se a razão não faz diferença, uma suposição humana tem tanta autoridade quanto outra.

Livro III
Das afeições do homem que são dolorosas a ele e aos outros

Capítulo I – Cobiça

Riquezas não merecem muita atenção; portanto, uma preocupação intensa em obtê-las não se justifica

O desejo daquilo que o homem chama de bens e a alegria que ele sente em possuí-los fundamentam-se apenas em opinião. Não tomes isso como vulgar; examina bem o valor das coisas e não serás ambicioso.

Um desejo desmedido de riquezas é um veneno alojado na alma. Contamina e destrói tudo o que tinha de bom. Mal ele se estabelece lá, toda virtude, toda honestidade, toda afeição natural fogem ante sua vista.

O ambicioso vende seus filhos por ouro; seu pai pode morrer antes que ele abra seu cofre; não, ele não se considera com respeito a isso; na busca da felicidade, ele se faz infeliz.

Assim como o homem que vende sua casa para comprar ornamentos para embelezá-la; da mesma maneira age aquele que desiste da paz na busca de riquezas, com a esperança de poder ser feliz no usufruto delas.

Onde reina a cobiça que seja de teu conhecimento que a alma é pobre. Aquele que não vê as riquezas como o bem principal do homem não jogará fora todos os outros bens para buscá-las.

Como és tolo! Não é a virtude mais valiosa que riquezas? Não é a culpa mais reles do que pobreza? Todo homem tem a capacidade de garantir o suficiente para suas necessidades; contenta-te com isso e tua felicidade sorrirá ante o pesar daquele que amealha mais.

A natureza escondeu ouro sob a terra, como indigno de ser visto; colocou prata debaixo de teus pés, onde pisoteias. Não quer ela com isso comunicar-te que o ouro não é digno de tuas considerações, que a prata não é digna de tua atenção?

A cobiça esconde sob a terra milhões de desventurados; esses cavam para seus desalmados patrões; o que a ofensa devolve? Aquilo que faz os patrões mais deploráveis que seus escravos.

A terra é estéril de coisas boas nos lugares onde mantém seus tesouros; onde existe ouro, plantas não prosperam.

Assim como o cavalo lá não encontra sua relva nem a mula sua forragem; assim como os campos de milho não sorriem nas encostas das colinas; assim como a oliveira lá não produz frutos, nem a videira seus cachos; ainda assim, bem algum habita o peito daquele cujo coração se remói sobre seu tesouro.

As riquezas são servas dos sábios e tiranas da alma do tolo.

O ambicioso serve a seu ouro; não o ouro serve a ele. Ele possui sua riqueza da mesma maneira como o doente tem uma febre que o queima e o tortura e não desistirá até que ele morra.

Não destruiu o ouro a virtude de milhões? Alguma vez acrescentou algo à bondade de alguém? Não é mais abundante entre os piores dos homens? Por que razão, então, deverias desejar ser distinguido por possuí-lo? Não são sábios aqueles que menos dele possuem, e sabedoria não significa felicidade?

Não possuem os piores da tua espécie as maiores quantidades? E não é lastimável o fim desses? A pobreza carece de muitas coisas; porém, a cobiça se nega a si mesma todas.

O ganancioso não é bondoso com homem algum; mas com mais ninguém ele é tão cruel quanto consigo próprio.

Sê diligente na obtenção do ouro e sê generoso ao se dispor dele. Jamais o homem é tão feliz como quando proporciona ao outro felicidade.

Capítulo II – Abundância

Se existe vício maior que o acúmulo de riquezas, esse vício é a utilização delas para propósitos inúteis.

Aquele que dissipa sem limites aquilo que tinha para economizar rouba o pobre do que a natureza lhe deu de direito.

Aquele que dilapida seu tesouro recusa os meios para praticar o bem; ele nega a si mesmo a prática de virtudes, as quais detêm a recompensa e cujo fim não é outro senão a própria felicidade dele.

É mais difícil sentir-se bem com riquezas que sentir-se em paz com a falta delas. O homem se governa muito mais facilmente na pobreza que na abundância.

A pobreza requer apenas uma virtude: paciência para dar-lhe suporte; o rico, se não tem caridade, prudência, moderação e muitas outras virtudes mais, é culpado.

O pobre tem apenas o bem de sua própria condição confiado a ele; ao rico é confiado o bem-estar de milhares.

Aquele que reparte seu tesouro sabiamente livra-se de seu tormento; aquele que continua a aumentá-lo acumula mais sofrimento.

Não recuses ao estranho o que ele deseja; não negues ao teu irmão o que tu próprio desejas.

Tem por certo que existe mais prazer em ficar sem aquilo que deste do que em possuir milhões que não sabes para que servem.

Capítulo III – Vingança

A raiz da vingança está na fraqueza da alma: os mais abjetos e temerosos são os que dela mais dependem.

Quem, senão os covardes, tortura aqueles que odeiam? Quem, senão os tímidos, assassina aqueles de quem roubam?

O sentir uma ofensa deve preceder o vingá-la, mas a mente que é nobre recusa-se a dizer "sinto-me ofendido".

Se não ignoras a ofensa cometida contra ti, aquele que a cometeu está abaixo de ti; entrarias na lista com teu inferior?

Retribui com bondade ao homem que tentou te fazer mal; faze o bem àquele que te causa desassossego.

Fazendo isso, não apenas preservas tua própria paz, como também infliges punição, sem te rebaixares utilizando vingança contra ele.

Assim como a tempestade e o trovão não afetam o sol nem as estrelas, mas despendem sua fúria nas pedras e nas árvores lá embaixo, da mesma forma as ofensas não ascendem às almas dos grandes, mas se dissipam em pessoas como as que as oferecem.

A pobreza de espírito incita a vingança; a grandeza de alma despreza a ofensa; na verdade, faz bem àquele que pretendeu importuná-la.

Por que procuras vingança, oh, homem? Com que propósito a persegues? Recorrendo a ela, pensas em causar dor a teu adversário? Tem por certo que com isso causas maior tormento a ti mesmo.

A vingança corrói o coração daquele que é por ela infectado, enquanto aquele contra o qual ela se destina permanece tranquilo.

É injusta na angústia que gera; portanto, a natureza não a pretendia para ti. Precisa de mais dor aquele que já está ferido? Ou deveria ele conceder mais força à aflição que outro lhe infligiu? O homem que planeja vingança não se contenta com a maldade de que foi vítima; ele acrescenta a sua angústia a punição devida a outro, ao passo que aquele que busca ferir segue seu caminho rindo e fica feliz com este acréscimo a seu infortúnio.

A vingança é dolorosa na intenção e perigosa na execução; raramente o machado cai onde aquele que o ergueu pretendia; e – nota bem! – esquece-se que o machado pode voltar-se contra ele próprio.

Embora o vingativo busque ferir seu inimigo, muitas vezes ele garante sua própria destruição; embora mire um dos olhos de seu adversário – repara bem! – ele apaga seus próprios olhos.

Se ele não atinge seus fins, lamenta-se; se obtém êxito, arrepende-se; o temor da justiça tira-lhe a paz da própria alma; a preocupação em esconder-se dela destrói a paz de seu amigo.

Pode a morte de teu adversário saciar teu ódio? Pode o ato de colocá-lo em repouso eterno restituir-te a paz?

Se queres deixá-lo triste com a ofensa praticada, conquista-o poupando-o da vingança; na morte, ele não possui tua superioridade, nem sente mais o poder de tua ira.

Na vingança, deveria existir o triunfo do vingador; e aquele que o feriu deve sentir seu desprazer; deve tolerar a dor proveniente disso; e deve fazê-lo arrepender-se da causa.

Essa é a vingança inspirada pelo rancor; mas o que te torna maior é retribuir as ofensas com bondade.

Matar por uma injúria somente pode advir de covardia; aquele que a provoca teme que o inimigo possa viver e se vingar.

A morte põe fim em uma discórdia, porém, não restaura a reputação; matar é um ato de precaução, não de coragem; é seguro, mas não é honroso.

Não há nada tão fácil como vingar uma ofensa, mas nada tão honroso quanto perdoá-la.

A maior vitória que o homem pode obter é sobre si mesmo; aquele que ignora uma injúria devolve-a àquele que a ofereceu.

Quando planejas vingança, confessas que sentes a injustiça cometida; quando te queixas reconheces que foste ofendido; pretendes acrescentar esse triunfo ao orgulho de teu inimigo?

Não há ofensa que não seja sentida; como pode então aquele que a despreza vingá-la?

Bons ofícios fazem um homem envergonhar-se de ser teu inimigo; a grandeza de alma aterroriza-o, afastando-o da ideia de ferir-te.

Quanto maior o delito, maior a glória em perdoá-lo e, quanto mais justificável for a vingança, muito mais honra haverá na clemência.

Tens o direito de ser juiz de tua própria causa, de ser uma das partes envolvidas no ato e, mesmo assim, pronunciar a sentença? Antes de condenares, deixa que outro diga que a condenação é justa.

O vingativo é temido e, portanto, odiado; mas aquele dotado de clemência é admirado; a exaltação de suas ações permanece para sempre; e o amor do mundo o assiste.

Capítulo IV – Crueldade, ódio e inveja

A vingança é detestável; o que, então, é crueldade? Ah! Ela possui os malefícios da outra, mas carece da pretensão das provocações daquela.

Os homens repudiam-na como não pertencendo à sua natureza, eles envergonham-se dela como uma estranha aos seus corações: não a chamam de desumanidade?

Qual, então, é sua origem? A que aquilo que é humano deve sua existência? É filha do Medo? E – que desalento! – não é ela sua mãe?

O herói levanta a espada contra o inimigo que resiste, porém, mal ele se submete, é satisfeito. Não há honra em pisotear o sujeito que teme; não há virtude em insultar o que está em posição inferior; conquista o insolente, poupa o humilde e chegarás ao ápice da vitória.

Aquele que deseja que a virtude alcance esse fim, aquele que não tem coragem para, assim, ascender até ela – ah! Anota bem! – ele supre o lugar da conquista com extermínio, da supremacia com massacre.

Aquele que teme a todos ataca a todos; por que são os Tiranos cruéis, senão porque vivem aterrorizados?

O molosso destrói a carcaça, embora não tenha ousado olhá-la na face enquanto ela vivia; o cão de caça que a persegue até a morte não a mutila depois.

Guerras civis são as mais sangrentas porque aqueles que nelas lutam são covardes. Conspiradores são assassinos porque existe silêncio na morte: não é o medo que lhes diz que eles podem ser traídos?

Para que não sejas cruel coloca-te muito acima do ódio; para que não sejas desumano, coloca-te acima do alcance da inveja.

Todo homem pode ser visto sob duas luzes; sob uma ele é importuno, sob a outra, menos ofensivo; escolhe vê-lo sob a luz em que ele te fere menos; assim, não causarás nenhum mal a ele.

O que é que um homem não pode tornar um bem para si? Naquilo que mais nos ofende há mais terreno para queixas que para rancor. O homem se reconcilia com aquele do qual reclama. O que ele destrói senão aquilo que odeia?

Se és impedido de um benefício, não te entregues à fúria; a perda de tua razão é o desejo de uma fúria maior.

Porque te roubam a capa, tu te despojas também de teu casaco? Embora sintas inveja do homem que possui honrarias – quando seus títulos e sua grandeza aumentam tua indignação – procura saber de onde ele as obteve; investiga por quais meios tomou posse delas e tua hostilidade tornar-se-á pena.

Se a mesma sorte fosse oferecida a ti, pelo mesmo preço, assegura-te de que, se fosses sábio, a recusarias.

O que é o pagamento de títulos se não adulação? Como o homem compra o poder senão quando se torna escravo daquele que o concede?

Perderias tua própria liberdade para poder tirar a do outro? Ou invejas aquele que o faz?

Nada há que o homem compre de seus superiores que não tenha um preço, e não é esse preço mais alto do que o valor correto? Desvirtuarias os costumes do mundo? Terias o preço e a compra também.

Como não podes invejar o que não aceitarias, ignora esse motivo de ódio; e afasta de tua alma essa oportunidade ao pai da crueldade.

Se possuis honra, podes invejar aquilo que é obtido à custa dela? Se conheces o valor da virtude, não tens piedade daqueles que a barganharam de maneira tão mesquinha?

Quando tiveres aprendido a ouvir sobre a aparente bondade dos homens sem te lamentares, ouvirás sobre a felicidade deles com prazer.

Se vês coisas boas acontecerem a alguém que as merece, irás te regozijar com isso, pois a virtude sente-se feliz com a prosperidade do virtuoso.

Aquele que se regozija com a felicidade do outro aumenta sua própria felicidade.

Capítulo V – Coração pesaroso

A alma do contente força um sorriso diante da aflição, mas a melancolia do triste mortifica até mesmo a luminosidade da alegria.

Qual é a fonte da tristeza, senão uma fraqueza da alma? O que é que dá a ela força senão uma necessidade de energia? Quando te levantas para o combate, ela abandona o campo antes de teu ataque.

Ela é inimiga da tua raça; portanto, expulsa-a de teu coração; ela envenena as doçuras de tua vida; portanto, não permitas que ela entre em tua morada.

Ela faz da perda de uma palha a destruição de tua fortuna. Enquanto incomoda tua alma com trivialidades, ela te rouba a atenção para coisas importantes; cuidado! Ela apenas profetiza o que parece se relacionar contigo.

Como um véu, ela espalha sonolência sobre as virtudes; esconde-as daqueles que te honrariam em contemplá-las; enreda-as e as contém enquanto torna absolutamente necessário que as pratiques.

Vê! Ela te oprime com maldade; e amarra tuas mãos quando essas querem livrar-te da carga.

Se queres evitar o que é sórdido, se queres desdenhar o que é covarde; se queres desviar teu coração do que é injusto, não aceites que a tristeza se instale em tua alma.

Não permitas que ela se cubra com a face da piedade; não deixes que ela te engane com uma demonstração de sabedoria. A religião honra teu Criador; não deixes que seja obscurecida pela melancolia; a sabedoria te faz feliz; portanto, tem a certeza de que a dor é para ela uma estranha.

Por que o homem deveria sentir-se pesaroso, se não por suas aflições? Por que seu coração deveria renunciar à alegria quando os motivos para ela existir não são retirados dele? Não significa isso ser triste por causa da tristeza?

Assim como aquele que pranteia e chora parece triste porque foi contratado e pago para isso; assim é o homem que permite que seu coração seja triste, não porque ele esteja sofrendo por algo, mas porque ele é melancólico.

Não é a ocasião que gera a dor, pois a mesma coisa ocorrerá com outro regozijo.

Pergunte aos homens se sua tristeza torna as coisas melhores – eles te confessarão que isso é insensatez? De forma alguma! Eles louvam aquele que suporta seus infortúnios com paciência, que avança com coragem, a despeito da desventura. Aplausos devem ser imitados.

A tristeza vai contra a natureza, pois perturba seus movimentos: repara bem! Ela torna desagradável tudo o que fez agradável.

Assim como o carvalho ante a tempestade não ergue sua copa novamente, da mesma forma o coração do homem se curva à força da tristeza e jamais recupera seu vigor.

Assim como a neve derrete nas montanhas, por conta da chuva que cai nas encostas, da mesma forma até a beleza é lavada da face pelas lágrimas, e nem uma, nem outra jamais se restabelecerão.

Assim como a pérola dissolve no vinagre, que parece, a princípio, apenas escurecer sua superfície, assim é tua alegria, oh, homem! Ela é tragada pelo peso do coração, embora, no início, possa parecer que ele apenas a oculte com sua sombra.

Observa a tristeza nas vias públicas! Lança teu olhar sobre ela nas estâncias de repouso. Alguém olha para ela? Ela não evita todos? E não fogem todos de sua presença?

Vê como ela pende a cabeça como uma flor cuja raiz é cortada! Observa como ela fixa seu olhar sobre todos na terra! Vê como ele lhe serve a propósito nenhum, exceto chorar!

Há discurso em sua boca? Há amor pela coletividade em seu coração? Há razão em sua alma? Pergunta-lhe a causa e ela não saberá; inquire o motivo – nota bem! – não existe nenhum!

No entanto, sua força abandona-a; repara bem! No fim, ela mergulha na tumba e ninguém pergunta: "o que lhe aconteceu?".

Comprendes isso e não o vês? Tem piedade? E não percebes teu erro?

Deus te criou por misericórdia: se ele não pretendesse que fosses feliz, não te traria à existência; como ousas, então, ir contra sua majestade?

Enquanto estás feliz na inocência, a ele estás a honrar; e quando estás descontente, não fazes senão rezingar contra ele.

Não criou ele todas as coisas suscetíveis a mudanças? E ousas chorar porque elas mudam?

Se conhecemos a lei da natureza, por que razão nos lamentamos? Se a desconhecemos, a que devemos imputar a culpa senão nossa cegueira ante o que podemos comprovar a todo minuto?

Toma ciência de que não és tu que deves dar leis ao mundo; tua função é te submeteres a elas da maneira como as encontras. Se elas te perturbam, tua lamentação aumenta teu tormento.

Não te iludas com belas aparências nem suponhas que o sofrimento cura o infortúnio.

Ele é um veneno sob o colorido de um remédio; enquanto finge retirar a flecha de teu peito – ah! – ele mergulha-a mais ainda em teu coração!

Enquanto a tristeza te separa de teus amigos, não está ela a te dizer que és incapaz de manter um colóquio? Enquanto ela te afasta para os cantos, não está ela a anunciar que se envergonha de si mesma?

Não é da tua natureza receber as flechas do infortúnio sem te ferires, e nem a razão exige isso de ti; é teu dever suportar infortúnios como um homem, mas, antes de tudo, deves também te sentir como um homem.

Lágrimas podem cair de teus olhos, embora a virtude permaneça em teu coração; certifica-te apenas de que há uma causa e cuida para que não as derrame em grande abundância.

A grandeza do mal não deve ser calculada pela quantidade de lágrimas que caem por causa dele. As maiores dores estão acima desses testemunhos da mesma maneira como as maiores alegrias estão além daquilo que se pode exprimir com palavras.

O que é que mais enfraquece a alma que a dor? O que mais a deprime que a tristeza? Está aquele que sofre preparado para nobres empreendimentos? Arma-se ele pela causa da virtude?

Não te sujeites a males; quais dos quais não é possível extrair quaisquer benefícios; nem sacrifiques os recursos do bem naquilo que em si mesmo é um mal.

A grandeza do infinito deve ser calculada pela quantidade de lágrimas que chora por causa dela.

A amizade doura as uma dezas insegurancias [illegible] da mesma maneira, ou se minora alegrias certas, sem dúvida que se pode criar um certo [illegible].

O que? Que mais certeza pode haver alma que a dor?

O que mais a deprimir que a encher? Está inútil ou as sobre proporção... os bons correspondem aos [illegible]

Aprende-se, pela aritmética da verdade:

Fazer as suficiar a malest, junte dos que a ração a morrer às vezes uma secura possibilitar uma saúde que é o reverso do bom inacalho que em tempos [illegible] [illegible] inútil.

Livro IV
Das vantagens que o homem pode adquirir sobre seus iguais

Capítulo I – Dignidade e honra

A dignidade não reside em lugar algum senão na alma.

Pode-se comprar o favor de príncipes com posição social e iniquidades; pode-se adquirir títulos com dinheiro; mas nada disso representa honra verdadeira.

O homem que comete um crime não pode ser elevado à glória verdadeira; da mesma forma, o ouro não pode fazer do homem uma criatura nobre.

Quando títulos são a recompensa da virtude, quando aquele que serviu seu país é posto no alto, aquele que concede honras tem glória, assim como aquele que as recebe – o mundo se beneficia disso.

Desejarias ser colocado nas alturas por razões que os homens desconhecem? Desejarias que eles perguntassem: "Por quê?".

Quando as virtudes de um herói estendem-se a seus filhos, seus títulos as acompanham; no entanto, quando aquele que as possui é diferente daquele que as mereceu – ah! – não o chamam de degenerado?

A honra hereditária é considerada a mais nobre; porém, a razão fala em favor daquele que a adquiriu.

Aquele que, sem mérito, apela às ações de seus ancestrais para sua grandeza é como o ladrão que reclama proteção ao voar para o templo.

Que vantagem há para o cego no fato de que seus pais podem ver? Qual o benefício para o mudo que seu avô foi eloquente? Do mesmo modo, qual o benefício para o avarento que seus predecessores foram generosos?

Uma mente predisposta para a virtude enaltece aquele que a possui; e, sem os títulos, elevá-lo-á acima dos comuns.

Ele adquirirá honra embora outros a recebam e não dirá a eles: "Foram esses os homens dos quais tendes orgulho de provir?".

Assim como a sombra espera pela matéria, da mesma forma a verdadeira honra acompanha a virtude.

Não digas que a honra é filha da coragem, nem acredites que somente o risco do viver pode pagar o preço que ela vale; esse preço não se deve à ação, mas à maneira como ela é desempenhada.

Nem todos são chamados para guiar o leme do estado; nem são seus exércitos comandados por todos. Executa bem aquilo que te foi atribuído e serás louvado por isso.

Não digas que é necessário vencer dificuldades ou que o labor ou o perigo devem estar em teu caminho para o renome. Não é a mulher casta louvada? Não merece o homem honesto ser honrado?

A sede de fama é violenta; o desejo de honra é poderoso; e aquele que nos deu ambas o fez com grandes propósitos.

Quando ações desesperadas são necessárias ao público, quando nossas vidas devem se expor para o bem de nosso país, o que pode acrescentar força à virtude, senão a ambição?

Não é no receber honra que dá prazer à mente nobre; seu orgulho está no merecê-la.

Não é melhor o homem perguntar "Por que este homem não tem um estatuto?" do que perguntar "Por que ele tem um?". O ambicioso será sempre o primeiro na multidão; ele avança com energia; não olha para trás. Sua alma sente mais angústia em ver alguém a sua frente que sente alegria em deixar milhares a distância.

A raiz da ambição está em todos os homens, mas não cresce em todos eles. O medo sufoca-a em alguns, e em muitos ela suprimida pela humildade.

Ela e a vestimenta interior da alma; é a primeira coisa que ela veste com a carne e a última a se render quando da carne se separa.

É uma honra a tua natureza, quando dignamente utilizada; quando a direcionas para propósitos errados, ela te envergonha e te destrói.

No peito de um traidor a ambição se esconde; debaixo de seu manto a hipocrisia esconde a face; e uma dissimulação fria abastece-a com palavras suaves; entretanto, no final, os homens verão o que ela é.

A serpente não perde sua picada, embora amortecida com o rigor da neve; o dente da víbora não se quebra, embora o frio feche sua boca; tem pena de seu estado e ela te mostrará o espírito que tem; aquece-a em teu peito e ela te retribuirá com a morte.

Aquele que é virtuoso de fato ama a virtude por si mesma; ele desdenha o aplauso que a ambição buscava.

Quão lamentável seria a condição da virtude se ela não pudesse ser feliz senão com o louvor do outro? Ela é nobre demais para buscar recompensa e desejo além do que pode ser recompensado.

Quanto mais alto o sol se levanta, menos sombra faz. Da mesma maneira, quanto maior for a virtude, menos ela irá cobiçar louvor; entretanto, ela não pode evitar sua recompensa em honras.

A glória, assim como uma sombra, foge daquele que a persegue; porém, segue os calcanhares daquele que foge dela. Se a cortejas sem mérito, jamais a atingirás; se a mereces, mesmo que te escondas, ela jamais te abandonará.

Busca aquilo que é honroso, faz aquilo que é certo, e os aplausos de tua própria consciência serão mais alegria para ti que os brados de milhões, que não sabem que os mereces.

Capítulo II – Ciência e aprendizado

O mais nobre emprego da mente humana é o estudo das obras de seu Criador.

Para aquele que se deleita com a ciência da natureza, cada objeto traz prova de seu Deus; cada coisa que atesta isso é motivo para louvor.

Sua mente se eleva aos céus a todo momento; sua vida é um ato de contínua devoção.

Quando ele lança os olhos em direção às nuvens, não encontra os céus repletos das maravilhas do Criador? Quando olha para baixo, para a terra, não lhe afiança o anelídeo "Menos do que a Onipotência não poderia ter me criado"?

Embora os planetas sigam seu curso; embora o sol permaneça em seu lugar; embora o cometa vagueie pelo ar líquido e retorne à rota que lhe foi destinada quem, senão Deus –, oh, homem! – poderia tê-los criado? O que, se não sabedoria infinita, poderia ter-lhes apontado suas leis?

Observa quão esplendorosos eles são! E eles não se extinguem; ah, como são rápidos seus movimentos! E, no entanto, cada um segue seu próprio curso, sem ir de encontro ao outro.

Olha para baixo, para a terra, e observa seus produtos. Examina suas entranhas e repara o que elas contêm! Não foi tudo isso ordenado com sabedoria e poder?

Quem ordena à relva que brote? Quem a rega nas devidas estações? Observa bem! O touro a apara; e não se alimentam dela o cavalo e o carneiro? Quem é que proporciona isso a eles?

Quem faz crescer o milho que semeias? Quem o devolve a ti, mil vezes mais que semeaste?

Quem amadurece a oliva e a uva no tempo certo para teu proveito, embora desconheças as razões disso?

Pode a mais inferior das moscas criar a si mesma? Ou se fosses algo menos que Deus, poderias tê-la moldado?

Os animais sabem que existem, mas não se questionam sobre o fato; regozijam-se com sua vida, mas não sabem que terá um fim; cada uma segue seu curso em sucessão; e também não há perda de espécie em mil gerações.

Tu que admiras o todo tanto quanto suas partes, há melhor maneira de empregares os olhos que para constatar em tudo a grandeza de teu Criador, ou empregar tua mente para examinar tais maravilhas?

Poder e misericórdia revelam-se na formação de tudo; justiça e bondade resplandecem na disposição de todas as coisas; tudo e todos são felizes de várias formas; e um não inveja o outro.

O que é o estudo das palavras comparado a isso? Em que ciência está o conhecimento, senão no estudo da natureza?

Quando guarneces a urdidura investiga seu uso; aprende que a terra nada produz que não seja para teu bem. Não são alimentos, vestimentas e remédios para tuas doenças, todos derivados apenas dessa fonte?

Quem é sábio, então, senão aquele que sabe disso? Que compreende senão aquele que contempla? Quanto ao restante, seja qual for a ciência que tem mais utilidade, seja qual for o conhecimento com menos vaidade, prefere esses em detrimento dos outros e beneficia-te deles para o bem de teu vizinho.

Viver e morrer, comandar e obedecer, fazer e permitir; não é de tudo isso que também tens de cuidar? A moralidade ensinar-te-á isso; as regras para bem viver irão colocá-las diante de ti.

Presta atenção! Elas estão escritas em teu coração e precisas apenas te lembrar delas. Elas são de fácil concepção; fica atento e irás retê-las.

Todas as outras ciências são vãs; qualquer outro conhecimento é ostentação. Ah! Não é necessário ou benéfico ao homem, nem o faz melhor ou mais honesto.

Não são teus grandes deveres mostrar piedade a teu Deus e benevolência a teus irmãos? Nada te ensinará mais que o estudo das obras que ele construiu! Nada te instruirá mais que o conhecimento de teus domínios.

Livro V
Dos acidentes naturais

Capítulo I – Prosperidade e adversidade

Não deixes a prosperidade alegrar teu coração acima da medida, nem oprimas tua mente até a morte porque a desdita se abate sobre ti.

Seus sorrisos são instáveis; portanto, não confies neles; sua carranca não dura para sempre, logo, deixa que a esperança te ensine paciência.

É difícil suportar bem as adversidades, mas ter controle de si próprio na prosperidade é o ápice da sabedoria.

O bem e o infortúnio são testes pelos quais passas para conhecer tua constância; nada mais existe além disso que possa te revelar os poderes de tua própria alma; fica, portanto, alerta quando eles se apoderarem de ti.

Observa bem como a prosperidade te adula de maneira tão doce! Como, insensatamente, ela te rouba as forças e o vigor!

Embora tenhas sido firme na adversidade; embora tenhas sido invencível na angústia, ainda assim foste conquistado por ela, sem saber que tua força não retorna; e ainda poderás necessitar dela.

A aflição leva nossos inimigos a ter pena; o sucesso e a felicidade levam até mesmo nossos amigos à inveja.

Na adversidade encontra-se a semente do bem-fazer; é a ama do heroísmo e da coragem; correrá o risco de ter mais aquele que já tem o bastante? Colocará sua vida em perigo aquele que está confortável?

A verdadeira virtude atuará sob qualquer circunstância, mas os homens veem a maior parte de seus efeitos quando acidentes se entrelaçam a ela.

Na adversidade, o homem se vê abandonado pelos outros; descobre que todas as esperanças estão centradas dentro dele; ele eleva a alma, encontra dificuldades e elas se rendem perante ele.

Na prosperidade, ele se imagina seguro; acredita ser amado por todos que lhe sorriem à mesa; torna-se descuidado e negligente; não vê o perigo diante de si; acredita nos outros e, no final, eles o enganam.

Todo homem pode aconselhar sua própria alma na adversidade; a prosperidade, porém, cega a verdade.

Melhor é o sofrimento que leva ao contentamento que a alegria que torna o homem incapaz de suportar os infortúnios e depois mergulhar nele de vez.

Nossas paixões nos dominam em todas as situações extremas. A moderação é o efeito da sabedoria.

Sê virtuoso durante toda a tua vida; aceita todas as suas mudanças; dessa forma, lucrarás com todos os acontecimentos; tudo o que te advir será fonte de louvor.

O homem sábio transforma tudo em benefício; e com a mesma atitude observa todas as faces da sorte; governa o bem e conquista o mal; é impassível diante de tudo.

Não sê presunçoso na prosperidade, nem te desesperes na adversidade; não cortejes perigos, nem foge deles de maneira alguma; ousa desprezar o que quer que seja que não permanecerá contigo.

Não deixes que a adversidade corte as asas da esperança; nem deixes que a prosperidade obscureça a luz da prudência.

Aquele que se desespera com o fim nunca o atingirá; e aquele que não vê o abismo perecerá dentro dele.

Aquele que denominou seu bem de prosperidade – que lhe disse "Contigo construirei minha felicidade"– ah! Ele constrói sua base na areia que a chuva e as tempestades arrastarão para bem longe.

Assim como a água que desce das montanhas e, no seu caminho para o oceano beija todos os campos às margens dos rios; assim como ela não se demora em nenhum lugar – da mesma maneira a sorte visita os filhos dos homens; seu movimento é incessante, ela não permanece em lugar algum; é tão instável quanto o vento; como queres segurá-la?

Quando ela te beija, és abençoado; mas acautela-te! Assim que te viras para lhe agradecer ela já se foi para outro.

Capítulo II – Dor e doença

A doença de teu corpo afeta até mesmo a alma; uma não pode ser saudável sem a outra.

A dor é inerente a todos os males; é a que mais se sente; e é aquela que, da natureza, tem menos remédios.

Quando tua constância falhar, convoca tua razão; quando a paciência te abandonar, convoca tua esperança.

Sofrer é uma necessidade vinculada à tua natureza; gostarias que milagres te protegessem do sofrimento? Lamentarás porque aconteceu contigo? Anota isso: acontece com todos!

É injustiça esperar ficar isento daquilo com que nasceste; submete-te com humildade às leis de tua condição.

Dirias às estações "Não passa, para que não envelheça"? Não é melhor suportar aquilo que não podes evitar?

Dor que dura por muito tempo é moderada; envergonha-te, portanto, ao se queixar dela; o que é violento pouco dura; presta atenção que verás seu fim.

Teu corpo foi criado para ser subserviente tua alma; enquanto afliges a alma por causa das dores físicas – cuidado! – colocas o corpo acima dela.

Assim como o sábio não se aflige porque um espinho rasgou sua veste, da mesma maneira aquele que é paciente não aflige a alma porque aquilo que a cobre está ferido.

Capítulo III – A morte

Assim como a produção do metal prova a obra do alquimista, da mesma forma é a morte o teste de nossas vidas, o ensaio que mostra o padrão de nossas ações.

Que julgues uma vida, que examines sua duração. O fim coroa a tentativa; e onde não há mais dissimulação a verdade aparece.

Aquele que não viveu uma existência de males sabe morrer bem; nem pode ter perdido todo seu tempo aquele que utiliza a última porção dele para sua honra.

Aquele que morre como deveria não nasceu em vão, nem viveu inutilmente aquele que morreu feliz.

Aquele que pensa que está para morrer está feliz enquanto vive. Aquele que luta para se esquecer disso não tem prazer algum em nada; sua alegria lhe parece uma joia, a qual ele sempre acredita que irá perder.

Queres aprender a morrer com dignidade? Deixa teus vícios morrerem antes de ti. Feliz é aquele que termina as obrigações de sua vida antes da morte; aquele que, quando é chegada a hora, nada mais tem a fazer, senão morrer; feliz é aquele que não deseja se atrasar, porque não tem mais no que utilizar o tempo.

Não evites a morte, porque isso é fraqueza; não a temas, pois não sabes o que ela é. Tudo o que sabes com certeza é que ela põe fim a teus infortúnios.

Não penses que a vida mais longa é a mais feliz; que aquela que é mais bem utilizada torna o homem mais honrado; ele próprio irá se regozijar, após a morte, com os benefícios dela.

ESTAS SÃO AS COMPLETAS
REGRAS PARA BEM VIVER.

SOBRE O LIVRO

Formato: 11,5 x 18 cm
Mancha: 19,6 x 38 paicas
Tipologia: Adobe Jenson Regular 13/17
Papel: Off-white 80 g/m² (miolo)
Couché 120 g/m² encartonado (capa)
1ª edição: 2012

EQUIPE DE REALIZAÇÃO

Assistência Editorial
Olivia Frade Zambone

Edição de Textos
Alzira Allegro (Revisão técnica)
Giuliana Gramani (Copidesque)
Danielle Mendes Sales (Preparação)
Gisela Carnicelli (Revisão)

Diagramação
Vicente Pimenta

Capa
Andrea Yanaguita

Ilustração
Cícero Soares